Devocionales de 3 minutos

para niñas

© 2017 por Barbour Español

ISBN: 978-1-63609-728-2

Título en inglés: *3-Minute Devotions for Girls* © 2014 por Barbour Publishing, Inc.

Desarrollo editorial: Semantics, Inc.
semantics01@comcast.net

Publicado por Barbour Español, un sello de Barbour Publishing, Inc., 1810 Barbour Drive, Uhrichsville, Ohio 44683, www.barbourbooks.com

Nuestra misión es inspirar al mundo con el mensaje transformador de la Biblia.

Impreso en China.

001833   1223   HA

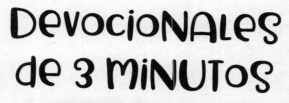

Devocionales de 3 minutos

para niñas

180 lecturas
inspiradoras para
corazones jóvenes

BARBOUR
ESPAÑOL
Un Sello de Barbour Publishing

Introducción

¡Qué ocupada estás! No tienes tiempo de aburrirte: la escuela, los amigos, el deporte y las actividades familiares. No siempre hay tiempo de sentarse y leer, leer, leer. Esto hace que este devocional sea tan perfecto para ti. Estas breves lecturas de tres minutos te aportarán toda la inspiración que necesitas antes de salir para la escuela o a jugar. ¡Y aprenderás mucho sobre ti misma y sobre Dios en poco tiempo! Cada devocional, lleno de poder, se divide de la forma siguiente:

Minuto 1: Reflexiona en la Palabra de Dios.
Minuto 2: Lee la aplicación para la vida real y el estímulo.
Minuto 3: Ora.

Por supuesto, estos devocionales no deben tomar el lugar de la lectura bíblica habitual. Es un divertido impulso que te ayuda a crear el hábito de pasar un tiempo con Dios cada día.

Aquí tienes una idea verdaderamente genial: ¿Por qué no compartes lo que aprendes en este devocional con tus amigos de la escuela, con los miembros de tu familia y hasta con las chicas con las que no hablas normalmente? Todo el mundo necesita inspiración y aliento, ya sabes. Así que, ¿qué estás esperando, muchachita? ¡Sumerjámonos y descubramos cómo pueden cambiar toda tu vida estos tres minutos al día!

Tu palabra es una lámpara que guía mis
pies y una luz para mi camino.

Salmos 119:105 (NTV)

La imagen de la perfección

Pues todos hemos pecado; nadie puede alcanzar la meta gloriosa establecida por Dios. Sin embargo, Dios nos declara justos gratuita y bondadosamente por medio de Cristo Jesús, quien nos liberó del castigo de nuestros pecados.

ROMANOS 3:23-24 NTV

· ·

¿Has conocido alguna vez a alguien que parecía perfecta en todo? Notas perfectas. Ropa perfecta. Familia perfecta. No parece justo, ¿verdad? ¿Cómo puede ser que ella y su vida sean perfectas, y tú y la tuya no lo sean?

La verdad es que nadie es perfecto, excepto Dios. Puede que algunas personas y sus vidas parezcan serlo, pero realmente no lo son. Y es por eso que necesitamos tanto a Dios, ¡porque no somos perfectos! Así que no permitas que tus imperfecciones y tus equivocaciones impidan que te des cuenta de que eres todo cuanto Dios quiere que seas. Después de todo, Él no espera que seas perfecta (qué alivio, ¿verdad?).

¿Significa esto, pues, que no deberías seguir apuntando a la excelencia? ¡Por supuesto que no! Dios quiere que hagas lo mejor que puedas. Pero recuerda que incluso cuando te equivocas (y lo harás), puedes volver corriendo a Él, y pedirle perdón y dirección. Él perdonará todos tus pecados, y te susurrará: "¡Te amo, chica preciosa! Ahora camina de este modo".

Amado Señor, gracias por no esperar que sea perfecta. Eso me ayuda a saber que siempre me amarás, a pesar de mis equivocaciones.

División del mar Rojo

Las aguas del mar se dividieron, y los israelitas lo cruzaron sobre tierra seca. El mar era para ellos una muralla de agua a la derecha y otra a la izquierda.
ÉXODO 14:21-22 NVI

....

¿Has leído alguna vez, en el Antiguo Testamento, la historia de los israelitas (el pueblo de Dios) y el mar Rojo? Sus enemigos, los egipcios, los perseguían cuando Moisés guio a los israelitas hasta la orilla del mar. Sabían que no podían volver atrás. El faraón y sus carros estaban justo detrás de ellos. De modo que tenían que cruzar realmente hasta la tierra que había al otro lado. ¿Piensas que se subieron a un barco? ¿Quizás nadaron? ¿Cruzaron por un puente? No. ¡Dios dividió el mar Rojo! Las aguas se separaron de verdad, y apareció la tierra seca. ¡Los israelitas cruzaron mientras el agua permanecía a ambos lados! Cuando los egipcios fueron tras ellos, las aguas volvieron de nuevo a la normalidad. ¡Dios protegió a Su pueblo!

¿Sabías que Dios aún separa hoy las aguas para nosotros? No el mar Rojo, por supuesto, pero hace que sucedan cosas imposibles cada día. Sana enfermedades en las personas. Responde a las oraciones. Realiza milagros. ¡Todo tipo de cosas! Podemos hablar con Él cada vez que queramos, y Él nos escucha. También nos habla (en nuestros corazones), así que debemos escuchar Su voz. ¡Quién sabe! Podría estar a punto de separar las aguas también para ti.

Amado Señor, me encanta leer sobre los milagros de la Biblia, pero aún me emociona más saber que sigues obrando milagros hoy. Padre, gracias por responder a mis oraciones.

Eres una obra maestra

Sin embargo, Señor, tú eres nuestro padre; nosotros somos el barro, tú nuestro alfarero; ¡todos fuimos hechos por ti mismo!
Isaías 64:8 dhh

....

Si has leído alguna vez el libro de Génesis, sabes que Dios creó los cielos y la tierra, y después a todas las criaturas de esta, incluido un hombre llamado Adán. Tomó una costilla del hombre (mientras Adán dormía), y creó a una mujer llamada Eva. Es increíble pensar cómo decidió Dios que fuera nuestro aspecto: dos piernas, dos brazos, dos ojos, una boca. ¡Uau!

Lo genial es que estamos creados a Su imagen. ¿Significa esto que Dios tiene dos piernas, dos brazos, dos ojos y una boca? No. Pero aún, sin que sepamos exactamente el aspecto que tiene, significa que somos como Él en otros sentidos; tenemos Su corazón para los demás, Su amor por nuestras familias, Su gozo, incluso en los momentos duros. También tenemos Su buena actitud, independientemente de lo difícil que se pongan las cosas.

Si estás teniendo problemas por "ser" como tu Papi, Dios, entonces pídele ayuda. Dile: "¡Señor, muéstrame cómo ser como Tú!" y Él lo hará. En poco tiempo verás que te pareces tanto a Él que los demás sabrán que eres Su hija. ¡Querrán saber cómo pueden ellos también ser como Él!

¡Oh, qué divertido es ser como nuestro Papi, Dios!

Señor, quiero ser como Tú. No sabré cuál es tu aspecto hasta que Te vea cara a cara en el cielo, pero, por ahora, dame Tu corazón, Tu amor y Tu actitud.

Un poco de confianza
llega muy, muy lejos

*Manténganse alerta; permanezcan firmes
en la fe; sean valientes y fuertes.*
1 Corintios 16:13 nvi

....

Dios quiere que seas valiente, por dentro y por fuera. En otras palabras, no quiere que presumas de tener confianza, sino que la tengas de verdad.

Tal vez seas una de esas chicas que no tiene mucha confianza. Te tiemblan las rodillas cuando te piden algo difícil, como ponerte en pie delante de la clase o hablar en público. ¡Eso está bien! Dios puede usarte, y tu confianza crecerá con el tiempo. Comienza a orar ahora, y pídele a Dios que te muestre cómo creer, no en ti misma, sino en Él. Entonces conoce y comprende que el Señor te dará el coraje de hacer con valentía aquello que te pide. Y recuerda que si comienzas a aplicar ahora algo de esa confianza y valentía que Dios te da, tendrás mayor capacidad de enfrentarte a los demás con valor cuando crezcas. No tendrás que preguntarte qué opinan de ti los demás, qué dicen de ti o si piensan que encajas con el grupo. Nada de eso importará. Una chica con confianza es bendecida, porque sabe quién es en Cristo, y no pierde mucho preocupándose por lo que los demás piensan de ella.

*Señor, no quiero temblar. ¡Quiero ser firme,
valiente y fuerte! Dame tu confianza para que
pueda hacer grandes cosas para ti.*

TODA UNA ADULTA

Pero el Señor me dijo: No digas: "Soy muy joven",
porque vas a ir adondequiera que yo te envíe,
y vas a decir todo lo que yo te ordene.
JEREMÍAS 1:7 NVI

....

¿Jugaste alguna vez cuando eras pequeña a "ser adultos"? Era muy divertido, ¿verdad? Ponerte los tacones de tu madre... bailar por toda la casa con tutús de volantes. Actuar como una niña mayor es la bomba.

A veces nos entusiasmamos tanto al pensar en cómo será cuando seamos mayores que olvidamos que Dios creó a los niños por una razón. ¡Ser joven es divertido! Dios se alegra de que no hayas crecido todavía, y no tiene prisa alguna en que lo hagas.

Nunca te menosprecies por ser joven, porque esto le rompe el corazón a Dios. Nunca digas: "¡Pero, yo solo soy una niña!"- ¿Qué puedo hacer para Dios?". La verdad es que puedes hacer mucho más de lo que piensas, y Él quiere —no, Él necesita—, que entiendas que no has de esperar hasta crecer para hablarles de Él a los demás. Así que empieza ahora. Ahí donde estás. Quítate esos tacones. Agarra tus zapatillas de deporte... ¡y a correr!

Señor, a veces quiero ser adulta. Parece que ser adulto
es más divertido. Recuérdame cuánto anhelas que siga
siendo una niña. ¡Este es un tiempo increíble de mi vida!

Vagar por el desierto

Entonces el Señor le dijo a Moisés: "¿Hasta cuándo esta gente me seguirá menospreciando? ¿Hasta cuándo se negarán a creer en mí, a pesar de todas las maravillas que he hecho entre ellos?"
Números 14:11 nvi

....

¿Has leído alguna vez en la Biblia la historia de cuando los israelitas (el pueblo de Dios) abandonaron el país de Egipto, y se dirigieron a la Tierra Prometida? Pasaron años y años en el desierto, vagando... ¡Perdidos! Una locura, porque no estaban tan lejos de Israel (la Tierra Prometida). Podrían haber llegado allí mucho antes con solo haber escuchado las directrices de Dios.

¿Has vagado alguna vez por el desierto? No por un desierto de verdad, por supuesto. ¿Has escuchado las instrucciones de Dios y, a continuación, has dado un paso de fe, para después sentirte perdido y con miedo? A veces somos muy valientes al principio y luego nos asustamos.

Cuando Dios nos da instrucciones, podemos confiar en Él durante todo el trayecto. No dejes de moverte cuando te sientas perdida y con temor. Tan solo clama a Él y pídele que te guíe hasta el siguiente lugar donde necesites ir. ¡Lo hará!

Señor, no quiero vagar por el desierto como los israelitas. Quiero escuchar tu voz y moverme en la dirección que me indiques. Gracias por guiarme.

Castillo en la nube

Dios, en el principio, creó los cielos y la tierra. La tierra era un caos total, las tinieblas cubrían el abismo, y el Espíritu de Dios se movía sobre la superficie de las aguas.
GÉNESIS 1:1-2 NVI

....

¿Te han acusado alguna vez de ser una soñadora? ¿De ser alguien que siempre está en las nubes? ¿Trabaja tu imaginación horas extras, y creas una historia tras otra? No hay nada de malo en tener una gran imaginación ni en soñar con amigos imaginarios y en cuentos de fantasía. ¡Dios también es muy creativo! ¡Al fin y al cabo, Él creó el mundo entero!

Piensa en ello por un momento. Dios, el Creador de absolutamente todo, pronunció unas pocas palabras, y ¡el mundo al completo apareció! ¡Debía de tener bastante imaginación! Observa las jirafas, por ejemplo. Y los pingüinos. Y piensa en los colores del arcoíris. Sí, servimos a un Dios creativo. ¡Y nosotros también somos creativos, porque fuimos hechos a Su imagen!

Soñar está bien, dulce niña. Usar tu imaginación es divertido. Tan solo asegúrate de mantener los pies en la tierra, y tu corazón cerca del corazón de Dios. Él te llevará a todo tipo de lugares hermosos en esta vida... y más allá.

Padre, ¡gracias por darme una imaginación! Estoy muy contenta de ser creativa, como tú. ¡Ayúdame a usar mi imaginación para lograr grandes cosas para ti!

Estrellita, ¿dónde estás?
En el cielo brillarás

*"Ustedes son la luz del mundo. Una ciudad en lo
alto de una colina no puede esconderse".*

MATEO 5:14 NVI

....

¿Recuerdas esta canción que solíamos cantar cuando éramos
muy pequeños: "Estrellita, ¿dónde estás? En el cielo brillarás"?
Aunque es una dulce cancioncilla sobre las estrellas del cielo,
puede servirles a los cristianos para recordar que Dios quiere
que brillemos, que resplandezcamos para Él, para que otros
puedan ver nuestra luz y ser dirigidos hacia Él. Piensa que es
algo así: si brillas en la oscuridad (el pecado), otros verán que
eres diferente. Ser distinta es algo bueno, cuando reflejas la
luz de Dios. No tiene sentido que escondas tu fe de los demás.
¡Oh, no! Deja que sepan que amas a Jesús, en los buenos y en
los malos momentos, ¡y resplandece también en Él!

Recuerda: Dios es el autor de la luz. Eso significa que fue Él
quien hizo la luz por primera vez. ¡El Creador del sol, de la luna y
las estrellas es tu guía! Y te llama para que seas un reflejo de Su
luz, ya sea que estés caminando hacia una estación soleada o a
una oscura. Así que... ¡brilla, brilla!

*Padre, a veces tengo miedo de que mi luz brille.
Me preocupa que mis amigos se burlen de mí. Por
favor, dame el valor de seguir brillando, incluso
cuando sea difícil. ¡Quiero brillar para Ti!*

Falsa acusación

"Ningún arma forjada contra ti prosperará, y condenarás toda lengua que se alce contra ti en juicio. Esta es la herencia de los siervos del Señor, y su justificación viene de mí —declara el Señor".
ISAÍAS 54:17 LBLA

....

¿Te han acusado alguna vez de hacer algo que en realidad no hiciste? Tal vez desapareció la muñeca favorita de tu hermana, y ella te acusó: "¿Eh, por qué has tomado mi muñeca?". O a lo mejor tu profesora pensó verte copiar el examen de otra alumna, pero no lo hiciste.

Ser acusado en falso apesta. Intentas hacerle creer a la persona que te acusa que eres inocente, pero no siempre te cree. Así que lo intentas de nuevo, pero aún no se convence.

Tengo buenas noticias para ti: cuando eres verdaderamente inocente, Dios lo sabe. Aunque nadie más te crea, Él sí lo hace. Conoce tu corazón, y ve que no has hecho nada malo. Si estás siendo falsamente acusada, pídele a Dios que saque la verdad a la luz para que los demás puedan verla también. Puedes apoyarte en este texto: "Ningún arma forjada contra ti prosperará". Y, tarde o temprano, ninguna falsa acusación contra ti prosperará. Así que, aguanta, niña. Tu momento llegará. La verdad aflorará.

Señor, no me gusta ser acusada falsamente. Hiere mis sentimientos. Sin embargo, siento que no hay nada que pueda hacer. Gracias por recordarme que la verdad saldrá a la luz tarde o temprano.

Caminar sobre las aguas

En la madrugada, Jesús se acercó a ellos caminando sobre el lago. Cuando los discípulos lo vieron caminando sobre el agua, quedaron aterrados. "¡Es un fantasma!" gritaron de miedo.
MATEO 14:25-26 NVI

....

¿Has pasado alguna vez por una situación difícil, una que ha sido realmente dura? Quizá hayas experimentado la muerte de algún ser amado, o sufrido una grave enfermedad. Durante estas etapas verdaderamente duras, necesitamos una fe sobrenatural. Algunos la llamarían una fe que camina sobre las aguas.

¿Has leído la historia de Pedro en el Nuevo Testamento? Fue uno de los discípulos (seguidores) de Jesús. Una noche, él y los demás discípulos estaban en un barco cuando empezó a soplar una tempestad huracanada. ¡Aterrador! ¡Las olas crecían muy bravas!

Los hombres tenían miedo. Pedro vio a Jesús fuera, en el agua... ¡y caminaba! (¿Puedes imaginar a una de tus amigas caminando por encima del agua?). Jesús le pidió a Pedro que se uniera a Él. Entonces sucedió un milagro. Pedro dio unos cuantos pasos, ¡y descubrió que también caminaba sobre el agua! Pero entonces, cuando Pedro apartó sus ojos de Jesús, tuvo miedo y comenzó a hundirse. Clamó a Jesús, y Él lo agarró de inmediato.

Podemos aprender mucho de esta historia. Si mantenemos nuestros ojos en Dios durante los momentos verdaderamente duros, Él nos dará fe para hacer cosas imposibles. ¡Uau!

Señor, a veces necesito fe para caminar sobre las aguas. Necesito creer que puedes ayudarme a hacer cosas imposibles. ¡Te pido que me des ese tipo de fe!

Trabajadora Diligente

Que el favor del Señor nuestro Dios esté sobre
nosotros. Confirma en nosotros la obra de nuestras
manos; sí, confirma la obra de nuestras manos.

SALMOS 90:17 NIV

....

¿Eres una trabajadora diligente? ¿Alguien que se muere por
tener las tareas hechas? ¡Maravilloso! Cuando tu actitud es la
correcta, eres capaz de conseguir mucho más. ¡Permite que
ese entusiasmo que Dios te ha dado te lleve a realizar grandes
cosas para Él!

Dios ama a los que son buenos trabajadores. Le encanta ver
cómo intentas cosas nuevas y consigues objetivos. No importa
si se te dan bien los deportes o el arte, escribir o bailar. Disfruta
viéndote aprender, aprender y aprender. También le encanta
cuando trabajas en casa, y ayudas a tu madre y a tu padre en las
cosas domésticas, o mantienes tu habitación limpia. Todas estas
cosas le agradan a Dios. ¡Qué maravilloso es complacer a tu
Papi con tu entusiasmo!

Señor, disfruto con mis actividades, principalmente
con las cosas divertidas. No siempre me gusta limpiar
mi habitación o recoger la mesa después de comer.
Recuérdame cada día, que tú disfrutas viéndome trabajar,
independientemente de lo dura que sea la tarea.

BUSCAR A DIOS

"Cuando ustedes me busquen, me encontrarán, siempre y cuando me busquen de todo corazón. Estaré con ustedes y pondré fin a su condición de esclavos. Los reuniré de todas las naciones por donde los haya dispersado, y los haré volver a Jerusalén. Les juro que así lo haré".

JEREMÍAS 29:13-14 TLA

....

Si participaras en la búsqueda del tesoro, y buscaras a Dios, ¿dónde crees que lo encontrarías? ¿Se esconde bajo la cama? ¿Sobre el tejado? ¿Se halla detrás de la mesa o sobre la cima de una montaña? ¿Debes ir lejos para encontrarlo?

La verdad es que Dios está tan cerca como tu corazón. ¡Es un hecho! Está justo ahí. Cuando le pides a Jesús que sea tu Señor y Salvador, Él viene a vivir dentro de tu corazón, y está ahí siempre que lo necesitas. Así que clama hoy a Él. Pero recuerda, no hay necesidad alguna de gritar. Está tan cerca que es imposible no oír tu susurro más suave.

Es hora de que te pongas seria en tu relación con el Señor. Permítele saber que lo amas más que a nada. Entonces, cuando te acerques a Él (en oración), se encontrará contigo y cambiará tu situación. Le dará la vuelta a las cosas, y lo hará sin abandonar el centro de tu corazón.

Amado Señor, gracias por habitar en mi corazón. ¡Me encanta que estés tan cerca! Sé que nunca me defraudarás.

La imagen de nuestro Papi

*Y creó Dios al hombre a su imagen, a imagen de
Dios lo creó; varón y hembra los creó.*
GÉNESIS 1:27 RVA1960

·······································

¿Te han dicho alguna vez que tienes los ojos de tu madre? O
quizá alguien ha comentado: "¡Tienes la nariz de tu padre!".
La verdad es que posiblemente te parezcas a tus padres
terrenales, pero también te pareces a tu Padre celestial. Él te
creó a Su imagen.

Es divertido imaginarse como es Dios. Ciertamente no lo
sabremos hasta que estemos en el cielo, pero una cosa está
clara: has sido creada a Su imagen. Por tanto, ¿significa eso que
Dios es pelirrojo y tiene pecas? ¿Significa que lleva zapatillas?
¿Le gusta ir de compras y quedar con Sus amigos después de la
escuela?

No exactamente. Ser creado a la "imagen" de Dios significa
que te pareces a Él en tu interior. Cuando sonríes, es *Su* sonrisa
la que asoma. Cuando eres dulce con los demás, es Su dulzura
la que ellos ven. Cuando te detienes para tenderle la mano a
otra persona, es como si fuera Él quien extendiera *Su* mano
hacia esa persona.

Todos somos creados a la imagen de nuestro Papi Dios.
Cuando los demás te miran, ven un brillante reflejo de Él. Así
que la próxima vez que alguien diga: "¡Te pareces a tu padre!",
limítate a sonreír. Tienen razón, ya sabes.

*Señor, me encanta oír que me parezco a ti. Hace que me
pregunte cómo eres. Algún día lo sabré con seguridad, pero
hasta entonces, gracias por crearme a tu imagen, Padre.*

CONFIANZA EN LOS MOMENTOS DUROS

El Señor es mi roca, mi amparo, mi libertador; es mi Dios, el peñasco en que me refugio. Es mi escudo, el poder que me salva.
SALMOS 18:2 NVI

....

¿Confías y dependes por completo de alguien en tu vida? ¿En tus padres, quizás? ¿En tus amigos? ¿En ti misma? ¿Has puesto tu confianza alguna vez en alguien, y te has disgustado cuando te ha fallado y no ha cumplido su palabra?

Si la lista de personas con las que puedes contar es muy pequeña, no te preocupes. Hay Alguien que siempre estará ahí para ti, no importa lo que ocurra. Hay Alguien en quien puedes confiar plenamente, Uno que nunca te fallará. Siempre estará ahí para ti, pase lo que pase. Él es el Señor, tu roca, tu amparo (refugio), y quien liberará (sacará) de los lugares temerosos. Puedes depositar tu confianza en Él sin preocuparte que te defraude.

¡Todos pasamos por momentos temerosos, pero caminar por ellos con nuestra confianza en Dios ayuda mucho! No debemos tener miedo, porque sabemos que Él lo tiene todo bajo control. Por tanto, recuerda que puedes confiar en Él... incluso cuando las cosas van mal. Nunca te arrepentirás.

Señor, debo admitir que no siempre confío. ¡A veces mi fe se escurre! Muéstrame cómo seguir confiando, incluso cuando sea realmente difícil. No quiero alejarme nunca de Tu mano.

SILBA UNA MELODÍA ALEGRE

Pueblos todos, batid las manos; Aclamad a Dios con voz de júbilo.
SALMOS 47:1 RVA1960

....

¿Te gusta trabajar? ¡Algunas personas son adictas al trabajo! Se meten de cabeza en él y lo acaban. Otros se mueven con mayor lentitud, o necesitan que los padres o los maestros anden recordándoselo.

Si no te emociona la idea de trabajar, trabajar y trabajar, ¡escucha! Existe una forma de aligerar la carga mientras trabajas. ¿Recuerdas la vieja canción que le cantaban los siete enanitos a Blancanieves? ¿La que hablaba de silbar mientras trabajas? Cantar una canción alegre como esa parece hacer las cosas más fáciles. ¡No es broma!

¿Te resulta difícil llevarte bien con tu hermano o hermana? Silba una melodía alegre. ¿Tienes una discusión con una amiga en el colegio? ¿Estás preocupada? ¿Enfadada? ¿Enojada con mamá o papá? ¡Pon alguna música de alabanza! Cambiará tu actitud con rapidez. Mejor aún, cantarle una canción a Jesús aleja tu enfoque del trabajo y de los problemas, y lo centra en tu Padre celestial, quien te adora. Tu ánimo puede no contribuir, pero se irá levantando mientras cantas una canción de alabanza.

Padre, algunos días no estoy contenta por tener que limpiar mi habitación y fregar los platos. Otras veces, las discusiones con mis amigos y con mi familia pueden ponerme muy triste, y disgustarme. Gracias por recordarme que cantar una canción alegre (alabarte) puede cambiar mi actitud sobre cualquier cosa.

¡No somos nadie!

*Tú creaste mis entrañas; me formaste en el vientre de
mi madre. ¡Te alabo porque soy una creación admirable!
¡Tus obras son maravillosas, y esto lo sé muy bien!*

SALMOS 139:13-14 NVI

....

¿Crees que Dios te hizo especial? ¡Lo hizo! No perdería el
tiempo en crear a una don nadie. ¡Eres tan especial para Él, y
para los que están a tu alrededor! Seguro que no siempre te
sientes especial (nadie lo hace), pero debes creerlo de todos
modos. Cuando empieces a dudarlo, ve a la verdad del asunto,
lee y cree el escrito de hoy.

Solo en caso de que no hayas averiguado lo que te hace tan
especial, ten esto claro: ¡Fuiste creada de forma única para ser
tú! Nadie más. Además, te han sido otorgados talentos y dones
especiales. Y Dios ha estado planeando todo esto durante
mucho tiempo, incluso desde antes de que nacieras. Cuando
estabas en el vientre de tu madre, Dios sabía con exactitud
qué aspecto tendrías y lo especial que serías. Hace mucho que
comenzó a trabajar en el proyecto (el plan) de cómo serías.

Si Dios puso tanto esfuerzo en hacerte tan única y
talentosa, ¡debía de saber lo que estaba haciendo! Y Él dice que
eres especial, así que debes confiar en Él, hasta en los días en
que no lo sientes.

*Dios, a veces no me siento muy especial. Miro a mis
amigas que son tan guapas o a las chicas que sacan tan
buenas notas, y siento que no estoy a la altura. Gracias,
Padre, por recordarme que soy perfecta a Tus ojos.*

CORRE LA CARRERA

Por tanto, también nosotros, que estamos rodeados de una
multitud tan grande de testigos, despojémonos del lastre
que nos estorba, en especial del pecado que nos asedia, y
corramos con perseverancia la carrera que tenemos por delante.
Fijemos la mirada en Jesús, el iniciador y perfeccionador
de nuestra fe, quien, por el gozo que le esperaba, soportó
la cruz, menospreciando la vergüenza que ella significaba,
y ahora está sentado a la derecha del trono de Dios.

HEBREOS 12:1-2 NVI

....

¿Te gusta participar en carreras? ¿Has corrido alguna vez hasta
una meta? Si es así, probablemente comprenderás el versículo
anterior. Nuestra vida es como una carrera. Dios tiene una
meta final (el cielo) y seguimos corriendo hasta llegar allí. El
problema es que a veces nos cansamos, y queremos parar.
Pensamos que es demasiado duro ser cristiano. Existen
muchas tentaciones. Simplemente queremos ser como
nuestros amigos, es decir, hacer lo que queremos cuando
queremos. Pero eso significaría detenernos.

Aquí lo tienes: esta carrera se puede ganar, pero debes
continuar corriendo. Además, debes tener un plan, una
estrategia. Antes de comenzar cada día, haz tus "estiramientos"
(leer tu Biblia y orar); después, coloca un pie delante del otro.

Empieza a verte como la ganadora de la carrera. ¡Dios ya te
ve de ese modo! Ciertamente, te verás tentada a parar, pero
cuando eso ocurra, ora y vuelve a meterte de lleno con ambos
pies, y los ojos puestos en la meta.

Así que, ¡comienza a estirar! ¡Prepárate para correr!
¡Preparada, lista, ya!

Señor, a veces me canso de correr. Te ruego que, cuando esté
exhausta, me ayudes a ver que me puedes dar las fuerzas para
continuar. Si me llevas de la mano, puedo ganar la carrera.

MATAR GIGANTES

David preguntó a los que estaban con él: "¿Qué dicen que le darán a quien mate a ese filisteo y salve así el honor de Israel? ¿Quién se cree este filisteo pagano que se atreve a desafiar al ejército del Dios viviente?"

1 SAMUEL 17:26 NVI

....

¿Has oído alguna vez la historia de David y Goliat? David, un pequeño pastor, mató al poderoso (malo) gigante, Goliat, con una honda y una piedra. ¡Vaya! Un chico valiente, ¿verdad? ¿Sabías que Dios puede darte a ti también el valor de matar gigantes? Podrían ser como Goliat. Tal vez ni siquiera sean personas reales. Pero también son gigantes. Todo lo que intenta frenarte de hacer lo que Dios quiere que hagas podría considerarse tu "Goliat".

¿Cuáles son algunos de los "gigantes" que necesitas matar? ¿Los celos? ¿La ira? ¿La amargura? ¿La mentira? Todos estos son enormes enemigos que pueden causarte problemas, si no te ocupas de ellos. ¡Es hora de echar mano de tu honda! ¡Permite que Dios te ayude a apuntar hacia los grandes y malos gigantes, y derríbalos con Su gran poder! No puedes hacerlo con tus propias fuerzas, pero Dios está justo ahí, listo para pelear por ti. ¡Pequeña, es hora de enfrentarte a algunos gigantes!

Dios, a veces observo los "gigantes" de mi vida, los malos hábitos, los pecados, las cosas que al parecer no puedo dejar de hacer, y me pregunto si seré capaz de matarlos. Ayudaste a David a derribar a Goliat; por tanto, sé que con Tu ayuda puedo matar a los gigantes en mi propia vida. ¡Gracias Señor!

Espejito, espejito

*"Te conocía aun antes de haberte formado en el vientre
de tu madre; antes de que nacieras, te aparté".*
JEREMÍAS 1:5 NTV

....

¿Te has mirado alguna vez al espejo, y has deseado poder
cambiar algo? ¿Has imaginado alguna vez que eras otra
persona, alguien con un aspecto diferente y con talentos y
habilidades distintos? Si fueras una actriz sobre el escenario,
sería divertido interpretar a alguien que no eres, ¿verdad?
Pero en el mundo real, es mejor ser tú misma. Dios te hizo... ¡a
ti! ¡Y lo hizo adrede!

Piénsalo: el Rey de reyes, tu Papi Dios, decidió qué aspecto
tendrías incluso antes de que nacieras. Seleccionó, de forma
especial, el color de tu pelo, tu piel, tus ojos... ¡todo! Decidió lo
alta, lo baja, lo delgada, lo gordita que serías, y añadió algunos
talentos y habilidades extraespeciales, solo por diversión.
Tu increíble Creador puso gran cuidado al tomar todas estas
importantes decisiones.

Cuando Dios te mira, ama lo que ve. Así que la próxima vez
que te mires en el espejo, y quieras quejarte, tómate el tiempo
de darle las gracias por hacer que fueras... ¡tú!

*Señor, a veces, cuando veo mi reflejo en el espejo, desearía
poder cambiar mi aspecto. ¡Ayuda mucho saber que Tú
me hiciste exactamente como soy, y que me amas así!*

¡La niña a la que Jesús ama!

*"¡Es el Señor!" dijo a Pedro el discípulo a quien Jesús amaba.
Tan pronto como Simón Pedro le oyó decir: "Es el Señor", se
puso la ropa, pues estaba semidesnudo, y se tiró al agua.*
Juan 21:7 nvi

....

¿Te has parado alguna vez a pensar cuánto te ama Jesús?
Es más que una simple canción que aprendiste en la iglesia
("Cristo me ama, bien lo sé"). Cuando en tu corazón y en
tu mente sabes que Él te ama, no has de preocuparte si
cometes equivocaciones. Piensa en ello un minuto. Todos
pecamos y caemos, ¿verdad? Pero cuando estamos total
y absolutamente convencidos de que Jesús nos ama, no
debemos preocuparnos de que nuestros errores hagan que te
deje de amar.

Uno de los discípulos de Jesús sabía realmente cuán amado
era. Su nombre era Juan. Él se refería a sí mismo "el discípulo
a quien Jesús amaba". ¿Puedes decir esto hoy? ¿Puedes decir:
"Soy la niña a la que Jesús ama"? Lo eres, lo sabes. Y nunca
dejará de amarte, no importa lo que ocurra.

*Oh Señor, estoy tan contenta de ser una chica a
la que puedes amar. He cometido equivocaciones,
Padre, pero continúas perdonándome y amándome
de todas formas. ¡Gracias por ello!*

Aprender a amar

"Ama al Señor tu Dios con todo tu corazón, con toda tu alma, con toda tu mente y con todas tus fuerzas". El segundo es: "Ama a tu prójimo como a ti mismo". No hay otro mandamiento más importante que estos.

Marcos 12:30-31 NVI

....

Algunas niñas se emocionan cuando piensan en crecer y enamorarse. A otras no les gusta en absoluto la idea. ¿Cuál es tu postura?

Tengo buenas noticias: ¡No has de preocuparte por ello! Ahora mismo, el único "amor verdadero" en el que necesitas enfocarte es el Señor. La Biblia dice que Él es tu primer amor. Y tiene el mejor plan para poder amar también a todo tipo de personas, incluso cuando eres pequeña. De modo que Dios quiere que:

1. Lo ames más que a nada. Quizás estés diciendo: "¡Vaya! ¿En serio? ¿Más que a mis padres? ¿Más que a mis amigos? ¿Mi ropa? ¿Mis videojuegos?". *Sip*. Comienza por poner tu amor por el Padre celestial por encima de cualquier otra cosa. Ámalo con todo tu corazón, tu alma, tu mente y tus fuerzas. ¡Eso es mucho amor!

2. Ámate. "¿Está bien amarme?". ¡Por supuesto! Si no te amas, es muy difícil amar a los demás. Solo debes recordar no ponerte tú primero, por encima de Dios. Al fin y al cabo, no se trata de ti. Se trata de Él.

3. Ama a los demás como a ti misma. Pon sus necesidades antes que las tuyas propias, incluso cuando sea difícil. Recuerda que Dios ama a los demás tanto como a ti.

Amado Señor, cuando pienso en crecer y enamorarme, me da un poco de miedo. Me alegra tanto que me enseñes ahora lo que significa de verdad amar a los demás y amarte a ti. Gracias Padre. Eres mi único Amor verdadero.

Para un momento como este

*"Si ahora te quedas absolutamente callada, de otra parte
vendrán el alivio y la liberación para los judíos, pero tú y la
familia de tu padre perecerán. ¡Quién sabe si no has llegado
al trono precisamente para un momento como este!"*
ESTER 4:14 NVI

....

En la Biblia hay una historia impresionante, de una chica
llamada Ester, quien se convirtió en reina en el momento
justo. Tuvo que enfrentarse a algunos grandes retos, pero
confió en Dios, y su pueblo (los judíos) se salvó gracias a su
fidelidad. ¡Era joven, pero eso no la detuvo! ¡Oh, no! Permitió
que Dios la usara.

¿Has pensado alguna vez que tienes el mismo poder de fe
que Ester? Sabes, tú también naciste "para un momento como
este". Eso significa que fuiste situada entre la "gente" correcta,
tus amigos, y familiares, en el momento correcto. ¡Es cierto!
Cuando oras por tu familia (tus hermanos, hermanas, padres,
tías, tíos...) y amigos, Dios está escuchando. Tus oraciones
pueden ser la puerta que los lleve a una relación con Jesús.

Así que no dejes de orar, no importa lo que ocurra. Al
igual que Ester, ¡tus oraciones son poderosas! Sigue teniendo
esperanza, confiando, exactamente como lo hizo ella. ¿Quién
sabe? Quizá todo tu "pueblo" terminará amando a Dios y
viviendo para Él.

*Amado Señor, ¿puedes convertirme en una Ester?
¡Quiero orar por mi "pueblo" y ver como cada
uno de ellos llega a conocerte! ¡Gracias porque
nací "para un momento como este"!*

Yo, yo y yo

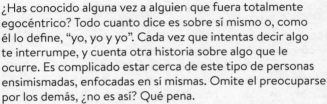

Y el segundo es: "Ama a tu semejante como te amas a ti mismo".
No hay otro mandamiento más importante que estos.
MARCOS 12:31 PDT

· ·

¿Has conocido alguna vez a alguien que fuera totalmente egocéntrico? Todo cuanto dice es sobre sí mismo o, como él lo define, "yo, yo y yo". Cada vez que intentas decir algo te interrumpe, y cuenta otra historia sobre algo que le ocurre. Es complicado estar cerca de este tipo de personas ensimismadas, enfocadas en sí mismas. Omite el preocuparse por los demás, ¿no es así? Qué pena.

¿Por qué, de todas formas, hay tantas personas enfocadas en sí mismas? ¿Por qué no se dan cuenta de que los demás también tienen necesidades? Una razón es que el enemigo (el diablo) las ha cegado al plan de Dios. Y no son las únicas. El mundo está lleno de personas que no parecen darse cuenta de las necesidades de los demás.

Tú puedes ser diferente. Puedes enfocarte en los demás. Puedes fijarte en aquellas personas que están a tu alrededor, heridas, hambrientas, enfermas, y puedes orar por ellas. En lugar de hablar siempre sobre ti o de preocuparte de tus propias necesidades, puedes prestar más atención a los que te rodean y necesitan ayuda.

Sí, puedes ser diferente. No más "yo, yo y yo".

Amado Señor, no quiero centrarme en "mí". Gracias
por mostrarme que otras personas pasan por
dificultades y necesitan mi amor y mis oraciones.

Orgullo

*El orgullo lleva a la deshonra, pero con
la humildad viene la sabiduría.*

PROVERBIOS 11:2 NTV

....

¿Qué significa ser orgulloso? ¿Es malo el orgullo? Algunas personas están orgullosas de su equipo local de fútbol o de béisbol. Están orgullosas de sus hijos, de su casa, y de un sinfín de cosas. ¿Está mal? No necesariamente.

Pero el orgullo hace que nos equivoquemos cuando comenzamos a pensar que somos mejores que los demás (más guapas, más listas, con más talento...). *Ese* tipo de orgullo no es bueno en absoluto. Dios quiere que caminemos con humildad entre nuestras amigas. Eso significa que no debemos pensar que somos mejores que ellas. Tenemos que reconocer sus talentos y sus dones, animarlas y hacer que se sientan bien con ellas mismas. Tampoco debemos compararnos con ellos. Nada de "yo soy mejor que tú". De ningún modo.

La próxima vez que te sientas mejor que alguien... ¡Cuidado! El Señor no está contento con ese tipo de actitud altiva. Así que baja ese orgullo, pequeña. Elimínalo. Comienza a enfocarte más en los demás y menos en ti misma. Al hacerlo, agradarás el corazón de Dios.

Señor, a veces soy un poco orgullosa. Pienso que soy mejor que los demás. Por favor, recuérdame que esa actitud no te agrada. Por tanto, ayúdame a deshacerme de mi orgullo.

LA MEJOR FORMA DE VESTIR

*Sobre todo, vístanse de amor, lo cual nos
une a todos en perfecta armonía.*
COLOSENSES 3:14 NTV

....

¿Alguna vez has tenido una de esas mañanas en las que no sabías qué ponerte? Quizá has elegido una prenda, te la has puesto, y luego has decidido ponerte otra cosa. Una vez que te volviste a vestir y te miraste al espejo, tampoco estabas contenta con *esa* ropa. Después de mucho rato, todo acabó en un montón en el suelo, y seguías sin estar convencida de con qué te veías mejor. ¡Decisiones, decisiones!

La ropa que vistes es muy importante para ti, pero un artículo en tu ropero es especialmente importante para Dios. Vuelve a tu armario o a tu cajonera, y saca... ¡amor! El amor es como un vestido. Es algo con lo que te vistes. Puedes llevarlo puesto todo el día. No se fabrica con telas e hilos. En modo alguno. Ni siquiera es algo que la gente pueda ver con sus ojos. Sin embargo, es probablemente el vestido más importante que te puedas poner. Así que deslízatelo por los hombros. Enróllalo alrededor de tu corazón. ¡Ahí! ¿No te sienta bien? Es, de lejos, la prenda más atractiva que podrías llevar.

¿Parece una tontería? No lo es. Vístete con amor como si te pusieras una chaqueta calentita. ¡Deja que te rodee por todas partes para que cuando tropieces con la gente (que seguro lo harás) también se contagien de Dios y de Su amor! Deslízalo por tu cabeza, como un gorro de invierno, para que tus pensamientos sean siempre *Sus* pensamientos.

¡El amor es ahora una prenda atractiva!

*Padre, gracias por recordarme que el artículo más importante
que puedo ponerme es Tu amor. ¡Que nunca olvide ponérmelo!*

No negar

Estaba, pues, Pedro en pie, calentándose. Y le dijeron: "¿No eres tú de sus discípulos?" El negó, y dijo: "No lo soy".
JUAN 18:25 RVA1960

....

Hay una historia realmente triste en el Nuevo Testamento. Es acerca de uno de los discípulos de Jesús, un hombre llamado Pedro. Amaba mucho a Jesús. Pero cuando las cosas se pusieron peligrosas, Pedro tomó una muy mala decisión: decidió negar que conocía a Jesús. *Negar* algo significa reclamar que no es verdad, aun siéndolo. Por ejemplo, digamos que has roto uno de los platos de la vajilla fina de tu madre, y ella te pregunta si lo hiciste. Si respondes "No", lo estarías negando.

Negar a Jesús es decirles a tus amigos "Nunca lo conocí". ¿Puedes creer que Pedro lo hiciera? Bueno, a veces hacemos lo mismo sin darnos cuenta. Le entregamos nuestro corazón a Jesús, y después nos involucramos en lo que queremos hacer. Nuestros amigos nos piden que hagamos algo que sabemos que no deberíamos hacer. Nos dejamos llevar por ellos, y olvidamos por completo nuestras promesas de vivir para Jesús. No lo estamos negando a propósito, por supuesto, pero aun así le estamos rompiendo el corazón al olvidar nuestras promesas. Debemos decidir no negarlo nunca. ¡En lugar de eso, es necesario que vivamos para Él cada día!

Padre, no quiero negarte. ¡Haz que pueda recordar siempre mi promesa de caminar contigo cada día de mi vida!

¡NO OLVIDES LA LECCIÓN!

Pero persiste tú en lo que has aprendido y te persuadiste, sabiendo de quién has aprendido.

2 TIMOTEO 3:14 RVA1960

Piensa en todas las cosas que has aprendido de tus padres, de los maestros de la escuela dominical y de otros creyentes adultos en tu vida. Son tan geniales al enseñarte sobre la Biblia, ¡y tú eres una gran estudiante! A Dios le encanta cuando recuerdas lo que has aprendido, pero asumámoslo, es fácil alejarse y olvidar la lección, ¿verdad?

Aquí tienes un ejemplo: estás en tu clase de escuela dominical y tu profesor te cuenta todo sobre los frutos del Espíritu. Te explica que Dios quiere que seas buena, amable, dócil, fiel... Sales de la clase y te sientes realmente bien por lo que has aprendido. Entonces, unos cuantos días después, te peleas con tu hermana pequeña y la tratas mal, y olvidas toda aquella lección.

El asunto es este: si de verdad queremos crecer en Cristo, es necesario que sigamos a rajatabla lo que hemos aprendido. No puedes ser paciente un minuto e impaciente al instante siguiente. Para asegurarnos de que la lección ha quedado bien grabada, debemos ir a Dios en oración, y pedirle ayuda para continuar haciendo lo correcto, sea lo que sea.

Amado Señor, quiero aprender mi lección, y aprenderla bien. No quiero alejarme y olvidar. Por favor, permite que todas tus lecciones queden grabadas a fuego en mí.

DAR LO MEJOR

*Procura con diligencia presentarte ante Dios aprobado,
como obrero que no tiene de qué avergonzarse
y que usa bien la palabra de verdad.*
2 TIMOTEO 2:15 RVC

....

Dios quiere que Sus hijos hagan lo mejor para Él. Esto no quiere decir hacer "más o menos" lo que Él te pide hacer. Le encanta cuando das un paso adelante. Si buscas alguna gran forma de hacerlo, aquí tienes algunas sugerencias: Dale a Dios tu mejor actitud (incluso cuando sea realmente difícil). Dale tu mejor momento del día (no esperes a estar demasiado cansada para orar y leer tu Biblia). Da una ofrenda en la iglesia (poner dinero en la ofrenda es una gran forma de mostrar que estás dedicada a Dios). Dale tu mejor comportamiento cuando estés con tus padres, tus maestros y tus amigos.

Existen docenas de maneras en las que puedes dar lo mejor. Por ejemplo, podrías recolectar productos enlatados para donar a la despensa de alimentos de tu iglesia. ¡Conviértelo en un juego! Reta a otros asistentes de la iglesia a que igualen lo que das tú. O quizá podrías donar ropa o mantas para ayudar a los desamparados en invierno. Hay millones de formas de ayudar. Ten disposición para dar, tus talentos y tesoros. ¡Lo mejor de todo, dale lo mejor a tu Padre celestial!

*Amado Señor, quiero dar un paso adelante. Quiero darte
lo mejor. Ayúdame a hacerlo cada día de mi vida.*

De la oscuridad a la luz

*Si alguien afirma: "Vivo en la luz", pero odia a otro creyente,
esa persona aún vive en la oscuridad. El que ama a otro
creyente vive en la luz y no hace que otros tropiecen.*
1 Juan 2:9-10 ntv

....

¿Cómo te sientes cuando estás en la oscuridad, cuando está
tan oscuro que no puedes ver nada en absoluto? Imagina
que te encuentras en tu habitación, bien entrada la noche,
y se va la luz. De repente te das cuenta de que has olvidado
hacer algo, así que sales de la cama y vas de puntillas por la
habitación. Por el camino, corres hacia algo y te haces daño.
¡Auch! Estar en la oscuridad no es tan solo no poder ver bien,
¡sino que también es peligroso!

¿Por qué es más probable que te hagas daño cuando la
luz está apagada? Porque tus ojos no se ajustan del todo a la
oscuridad. Tu visión es limitada. No puedes ver los detalles. No
existe nada que te guíe. ¡Tropiezas con cosas, porque no puedes
ver, y eso te causa dolor!

Ocurre lo mismo en tu vida cristiana. Cuando se enciende
la luz, puedes ver hacia dónde vas. Ya no tropiezas ni haces
tropezar a los demás. ¿Y cuál es el interruptor que enciende la
luz? ¡Es el amor! Debes encenderlo, ya sea en la escuela, con
tus amigos, en el centro comercial, o simplemente pasando
el rato en casa con tus hermanos y hermanas. El amor es el
interruptor que ilumina el camino, y evita que tú y los demás
tropiecen.

*Dios, no quiero tropezar en la oscuridad. Abre
mis ojos para que pueda ver con claridad el
camino por el que quieres guiarme.*

¡Sigue adelante!

*Prosigo a la meta, al premio del supremo
llamamiento de Dios en Cristo Jesús.*
Filipenses 3:14 rvr1960

....

Algunas personas lo pasan mal cuando tienen que sobreponerse a las cosas. Se estancan en el ayer. Quizá tú seas del mismo modo. Parece que no puedes perdonar a tu amiga por lo que comentó de ti. O tal vez no pareces poder superar cómo te sentiste cuando tus amigas no se quedaron contigo. Los ayeres puedes ser dolorosos, sin duda. Por eso Dios quiere que vivas en el hoy.

¿Cómo vives en el hoy y no en el pasado? Revisa el versículo de arriba. Prosigo a la meta. Cuando estás en una carrera debes mirar hacia adelante, no hacia atrás. Ocurre lo mismo en la vida. No mires hacia el ayer. Perdona. Y continúa.

Los problemas del ayer pueden haber sido grandes, pero ahora han quedado atrás. Para mantener la perspectiva correcta, mira hacia adelante. ¡Mantente centrada! Hay una carrera por ganar, y no quieres tropezar y caer, por estar mirando atrás, y no hacia adelante.

*Señor, gracias pro recordarme que he de mirar hacia adelante
siempre, no hacia atrás. Elijo perdonar a quienes me hirieron
ayer, escojo vivir solo en el hoy, con Tu mano en la mía.*

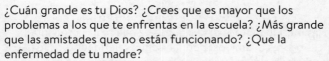

Dios es Omnisciente (¡un "Sabelotodo" real!)

Grande es nuestro Dios, y grande es su poder;
¡su entendimiento no tiene fin!
SALMOS 147:5 TLA

....

¿Cuán grande es tu Dios? ¿Crees que es mayor que los problemas a los que te enfrentas en la escuela? ¿Más grande que las amistades que no están funcionando? ¿Que la enfermedad de tu madre?

¿No es asombroso pensar que Dios lo conoce todo? Lo tiene todo calculado, ayer, hoy y mañana. Por ello podemos confiar en Él en cada cosa que afrontemos en esta vida, desde las cosas pequeñas hasta las enormes. ¡No hay mejor modo de vivir que entregar las riendas a nuestro Dios omnisciente!

Dios no se achica. No se empequeñece cuando pasas por algo complicado. ¡Él es enorme! ¡Poderoso! Cuando piensas en Él así, puedes ver lo innecesario que resulta preocuparse. ¡Tu Dios omnisciente lo tiene bajo control!

Amado Señor, a veces paso momentos duros. Tengo miedo.
¡Me olvido de lo poderoso que eres! Creaste el mundo
en solo unos pocos días. ¡Estoy segura de que puedes
ocuparte de todos mis problemas sin ningún problema!

¡SOY UN DESASTRE!

*Pues estoy convencido de que ni la muerte ni la vida, ni
los ángeles ni los demonios, ni lo presente ni lo por venir,
ni los poderes, ni lo alto ni lo profundo, ni cosa alguna
en toda la creación podrá apartarnos del amor que Dios
nos ha manifestado en Cristo Jesús nuestro Señor.*
ROMANOS 8:38-39 NVI

....

¿Has metido tanto la pata alguna vez que te has preguntado
si tus padres (o amigos) podrían seguir queriéndote? ¿Te has
despertado alguna vez de mal humor, o siendo una compañía
complicada, y convirtiéndote en un terror para quienes están
a tu alrededor? Seguro que sí. Todos tenemos ese tipo de días.
Todos pasamos por esos momentos.

Esta es la verdad sobre los seres humanos (y no solo los
niños): metemos la pata. Mucho. Decimos que queremos a las
personas, pero después no actuamos de la forma adecuada.
Un día actuamos como si fuéramos los mejores amigos de
alguien, y al día siguiente pasamos a otro mejor amigo. En otras
palabras, ¡somos un desastre que a veces mete la pata!

Esto es lo que nos salva: Dios no cambia de opinión. Cuando
Él afirma que nos ama, lo dice de verdad. ¡Nos ama siempre,
y por siempre! Y no puedes hacer nada para cambiarlo. Nada.
Está ahí, a tu lado en tu mejor día, y sigue ahí, amándote aún
en tu peor día. ¡Nada en absoluto puede separarte del amor de
Dios, que está en Cristo Jesús!

*Padre, es un enorme descanso oír que mis desastres no
interrumpen tu plan de seguir amándome. Gracias por estar
siempre ahí para mí, incluso cuando tengo un día terrible.*

LA VIDA ES UN ROMPECABEZAS

Porque yo sé muy bien los planes que tengo para ustedes —afirma el Señor—, planes de bienestar y no de calamidad, a fin de darles un futuro y una esperanza.
JEREMÍAS 29:11 NVI

En ocasiones, la vida es como un rompecabezas. Nos frustramos, porque no podemos ver la imagen completa. ¿Te ha sucedido esto alguna vez al hacer un puzle? Piensas que lo tienes todo resuelto, pero luego las piezas no encajan. O no puedes encontrar la pieza exacta que necesitas en el momento preciso que la necesitas. ¡Pero esa es la mitad de la aventura! Si lo pudiéramos ver todo de golpe, se desvanecería toda la diversión, la emoción y la gratitud del viaje. En otras palabras, la vida sería muy aburrida.

Tengo buenas noticias: ¡Dios tiene todas las piezas en Su mano! Tiene un gran plan para tu vida, y sabe justo lo que necesitas y cuándo lo necesitas. Debes confiar en que, vayas donde vayas y hagas lo que hagas, Él pondrá la siguiente pieza del puzle a su debido tiempo, y te guiará hacia el siguiente paso.

A veces es un reto aprender a confiar en Dios con las piezas del puzle de tu vida, pero vale la pena. Así que relájate. Suéltalo todo, y deja que Dios reúna las piezas, a Su tiempo y a Su modo. Pon en sus manos la imagen panorámica.

Dios, me alegra tanto que mantengas todas las piezas del puzle. No sé lo que ocurrirá después, pero tú sí. Estoy muy agradecida. Enséñame a confiar mientras espero en ti.

ME ALEGRARÉ

Me alegraré y me regocijaré en ti;
Cantaré a tu nombre, oh Altísimo.
SALMOS 9:2 RVR1960

....

¿Qué significa alegrarse en el Señor? ¿Significa estar siempre riendo y cantando? No. Significa que has puesto tu confianza en Él, y posees la paz que viene de apartar tus manos de la situación. La alegría llega cuando tú sueltas, y dejas hacer a Dios.

¿Sabías que algunos días debes elegir estar alegre? ¡Es cierto! No te sentirás así. Puede que te sientas gruñona o amargada. Puede que te apetezca quedarte en la cama todo el día, y taparte la cabeza con la manta. Pero Dios quiere que te despiertes, que saltes de la cama, y que disfrutes de tu día con una gran sonrisa en la cara. ¡Alégrate! ¡Celebra!

¿Pero cómo pasas de estar malhumorada a estar alegre? Comienza cantando alabanzas a Dios. Cuando alzas tu voz en cántico, todos tus problemas desaparecen durante ese momento. Solo te centras en Él. ¡Así que regocíjate y alégrate! Es una elección que deberías —y que puedes— tomar siempre.

Amado Señor, hoy elijo el gozo. Me alegraré,
independientemente de lo que ocurra. Te pido que
pongas una canción de alabanza en mi corazón para que
pueda ver mis problemas pasados y centrarme en ti.

¡ALABA TODO EL TIEMPO!

*Canten a Él; sí, cántenle alabanzas; cuéntenle a todo
el mundo acerca de sus obras maravillosas.*

1 CRÓNICAS 16:9 NTV

....

Existe una asombrosa historia en la Biblia sobre un hombre
llamado Josafat, quien tuvo que ir a la guerra contra sus
enemigos (ver 2 Crónicas 20). Antes de prepararse para la
batalla, Dios lo tranquilizó: "¡No te preocupes Josafat! ¡Yo
tengo la solución! Ni siquiera tendrás que pelear. ¡Yo pelearé
por ti!". Genial, ¿verdad?

Josafat, quien sabía que Dios tenía la victoria en Su mano,
envió a los levitas (los chicos de la alabanza y de la adoración)
al frente de la batalla. Elevaron sus voces en alabanza, y ¿sabes
qué? ¡Ganaron la batalla! ¡Uau!

Lo mismo ocurre en nuestra vida. Cuando nos enfrentamos
a una batalla (y todos lo hacemos), necesitamos tener el valor
de Josafat, y saber que Dios peleará la batalla por nosotros.
Además, debemos cantar alabanzas, incluso antes de ganar la
batalla. Esto eleva nuestro valor, y nos recuerda que Dios está
al control. Si estás enfrentando un reto hoy, ¡prueba a alabar
todo el tiempo!

*Amado Señor, gracias por recordarme que tú peleas las
batallas por mí. A veces me siento débil, ¡pero tú eres fuerte!
Cuando te alabo recuerdo que tú estás al control, y no yo.*

Ama... y obedece

"Si ustedes me aman, obedecerán mis mandamientos".
JUAN 14:15 NVI

··································

Jesús les señaló a Sus discípulos: "Si ustedes me aman, obedecerán mis mandamientos". El amor y la obediencia van de la mano. Por tanto, la próxima vez que le digas a tu madre "Te amo", podría ser buena idea que esto vaya acompañado de tu obediencia a ella, quizás puedes hacer lo que ella te acaba de pedir que hagas. O la próxima vez que un abuelo te diga: "Te amo, cariño", y tú respondas con un: "Yo también te amo", recuerda que esas palabras tienen un gran significado y que con ellas deberían venir los actos que lo prueben.

Pregunta: ¿Cómo le demuestras a Dios que lo amas? Respuesta: ¡Obedece! Sí, eso es. Obedece. Tal vez te estés preguntando: "¿Así que el amor trata de la obediencia? ¿No hay nada más?". Seguro. Amar a alguien significa dedicarte por completo a ella, cuidarla siempre, y en todas las formas. Eso significa ceñirse a ese tierno y amoroso cuidado, incluso cuando es duro. Afrontémoslo, no siempre es fácil obedecer o amar a todo el mundo. ¡Algunas personas son difíciles!

Si amas, obedeces. Si amas, tratas a los demás mejor que a ti mismo. Si amas, haces tu cama. Si amas, haces tus tareas. Si amas... bueno, captas la idea. La obediencia no siempre es fácil, pero siempre es correcta.

Padre, no siempre me gusta obedecer. A veces me gusta hacerlo a mi modo. Gracias por recordarme que amar significa obediencia. Ayúdame a obedecer, a pesar de todo.

El concurso de popularidad

Imagínense que un rico, vestido con ropa muy fina y con un anillo de oro, entra en donde ustedes se reúnen, y que al mismo tiempo entra un pobre, vestido con ropa muy gastada. Si ustedes atienden mejor al rico y le dicen: «Ven, siéntate en el mejor lugar», pero al pobre le dicen: «Quédate allí de pie», o «Siéntate en el suelo», serán como los malos jueces, que favorecen a unos más que a otros.

Santiago 2:2-4 tla

....

¿Eres quisquillosa a la hora de elegir a tus amigos? ¿Eliges solo a las chicas populares para pasar el rato con ellas, a las que están en grupo? Si es así, deberías pensarlo dos veces.

Dios ama a todas Sus hijas por igual, desde la más popular hasta la que lo es menos. Desde la mejor vestida a la más harapienta. Desde la favorita de la maestra a la que siempre causa problemas en clase. Dios no tiene favoritos. ¡Simplemente te ama tanto que pareces ser Su favorita! Adora a las chicas de todas las tallas, formas y colores.

Dios no quiere que tú tengas favoritismo. Es duro, pero es muy importante no tenerlos. Es necesario recordarlo cuando estemos tentados a quedar con alguien simplemente porque parece ser popular o genial. Quizá el Señor quiera que pases un poco más tiempo con la chica del autobús que no tiene amigos. Ya sabes... aquella de la que se ríen tanto. Conócela, y observa lo que hace Dios.

Señor, por favor, ayúdame a ser mejor amiga. No quiero juzgar a los demás ni ser una chica quisquillosa. Recuérdame que tú nos amas a todos por igual.

El lado de la luz

Y el Dios de esperanza os llene de todo gozo y paz en el creer,
para que abundéis en esperanza por el poder del Espíritu Santo.
ROMANOS 15:13 RVR1960

....

¿Te encanta quedar con amigas que tienen un gran sentido del humor? Saben cómo reírse y cómo hacerte reír también. Su actitud alegre es muy divertida. Levantan siempre el espíritu de los demás.

Aquí tienes una idea divertida: ¿Por qué no *ser* esa persona alegre? Por qué no levantar el espíritu de los demás, y hacer que sonrían incluso cuando están pasando por momentos duros. Cuando haces un esfuerzo para llevar gozo a los demás, ¡también produces gozo para ti! Eso siempre es divertido.

Te preguntarás de dónde procede todo este gozo. De Dios, por supuesto. Si Le pides que te llene, lo hará. Entonces lo derramarás sobre los demás, y pronto te olvidarás de sus problemas. Así que llena hoy tu depósito de gozo, y rebosa sobre los demás.

¡Padre, estoy tan entusiasmada de poder ser una salpicadora
de gozo! Te pido que me llenes hasta arriba para poder
rebosar sobre los que están teniendo un día duro.

"¡NO ES JUSTO!"

Háganlo todo sin quejas ni contiendas, para que sean intachables y
puros, hijos de Dios sin culpa en medio de una generación torcida y
depravada. En ella ustedes brillan como estrellas en el firmamento,
manteniendo en alto la palabra de vida. Así en el día de Cristo
me sentiré satisfecho de no haber corrido ni trabajado en vano.

FILIPENSES 2:14-16 NVI

....

Imagina esto: ¡Estás exhausta! Cansada tras un día superlargo
en la escuela. Estás relajada. Descansando. Juegas a un
videojuego. Lees un libro. Hablas con una amiga por teléfono.
Entonces oyes esas palabras... ya sabes cuáles. Es la voz de
tu madre, y necesita que friegues los platos, que cuides a tu
hermana pequeña, o que limpies tu habitación. ¡Agh!

Quieres gritar: "¡Pero no me apetece! Ya lo hice ayer. Por
favor pídeselo a otra persona. ¡Siempre me toca a mí!". Quizá
incluso añades algo como "¡No es Justo, mama!".

Este es el problema con la actitud de "no es justo": Jesús
nos dice que no tengamos esa actitud. De hecho, nos dice
que debemos hacer las cosas sin quejarnos. Suena imposible,
pero debemos intentarlo de todas formas. Basta de murmurar
y quejarse. Ten un corazón agradecido. Para agradar a Dios
hemos de aprender a responder de la forma que Él quiere que
lo hagamos. No siempre es fácil, pero Él honra a una hija alegre
y obediente.

Padre, a veces es duro hacer las cosas sin quejarse.
Hoy te pido que me ayudes a responder de una
forma que traiga gozo a tu corazón.

Caminar por fe

Porque por fe andamos, no por vista.
2 Corintios 5:7 rvr1960

....

Hay una historia asombrosa en el Antiguo Testamento, sobre un hombre llamado Noé, quien oyó la voz de Dios. El Señor le ordenó que construyera un barco enorme, y que lo cargara de animales... muchos animales. ¿Por qué? Porque Dios iba a enviar un gran diluvio, y quería que Noé, su familia y los animales estuvieran a salvo. Es bueno que Noé escuchara a Dios. De no haberlo hecho, él, su esposa y sus hijos se habrían ahogado (y también todos aquellos animales).

¡Es tan importante escuchar la voz de Dios! ¿Sabes? Él aún habla. Habla al corazón. Ese pequeño "sentimiento" que te dice que deberías ayudar a aquel que está en necesidad, ese es el Señor. Ese pequeño empujón que notas, para obedecer rápidamente cuando no tienes ganas, esa también es la voz de Dios. Siempre habla, y espera que escuchemos.

Es importante hablarle a Dios cuando oras, pero también es muy importante escuchar. Tiene mucho que decirte. Quizá te está hablando ahora mismo. ¡Shhh! ¿Puedes oírlo?

Señor, a veces olvido que te gusta hablarme.
Habla a mi corazón, Padre. Muéstrame lo
que he de hacer. Estoy escuchando.

Esperanzas y sueños

Den ánimo y valor a sus corazones todos
los que confían en el Señor.
SALMOS 31:24 DHH

....

¿Alguna vez has deseado algo con fuerza? Quizá tenías tantas esperanzas de que tu sueño se hiciera realidad, que apenas podías pensar en otra cosa.

La vida está llena de deseos y sueños. Deseamos tantas cosas mientras crecemos y crecemos. Es muy divertido pensar en cómo te verás cuando seas mayor. Quizá seas una científica brillante que descubre la cura de una terrible enfermedad. ¡Quizá seas presidenta de los Estados Unidos! Quizá seas madre, y uno de tus hijos sea un misionero que conduce a miles de personas a Cristo. Las posibilidades son interminables.

Nunca desistas de tus esperanzas y sueños, aun cuando estos parezcan imposibles. A veces Dios pone esas cosas en tu corazón por un motivo.

Amado Señor, ¡a veces soy tan soñadora! Cuando crezca,
quiero que mi vida sea asombrosa. Gracias por darme
esperanzas y sueños. Padre, confío en ti para mi futuro.

¡Creada para adorar!

Invoco al Señor, que es digno de alabanza,
y quedo a salvo de mis enemigos.
SALMOS 18:3 NVI

....

La gente puede causar muchos problemas. ¿Alguna vez te has preguntado por qué Dios los creó en primer lugar? Se podría haber conformado y vivir con los pájaros, los peces y los demás animales. Son mucho más obedientes. ¿Por qué crear a los seres humanos?

La Biblia afirma que fuimos creados para adorar a Dios. Si no lo alabamos, las piedras comenzarán a gritar alabanzas al Rey de reyes. ¿Puedes imaginar a las rocas estallando en cánticos de gozo? No queremos que las piedras tengan que hacer eso. Vamos a alabarlo por toda la eternidad, así que ¿por qué no comenzar a practicar ahora?

¡Dios es digno de ser alabado! Es tan increíble y asombroso. Creó el mundo entero, y le dio vida con una simple palabra. Envió a Su Hijo para morir en la cruz, y demostrar Su amor por nosotros definitivamente. Sí, Dios nos ama de verdad, ¡y solo eso lo hace digno!

Una hija del Rey no puede decir suficientes cosas buenas sobre su Padre. ¡Presume de Él todo el día! Canta Sus alabanzas a todo el que la escucha. Así que deja que una canción de alabanza llene hoy tu corazón. Si no lo haces... ¡las piedras comenzarán a gritar sin la menor duda!

Señor, me encanta presumir de ti. Es fácil contarles a los
demás las cosas asombrosas que haces. ¡Qué ilusión saber
que continuaré alabándote eternamente y para siempre!

HIJAS DE DIOS

¡Fíjense qué gran amor nos ha dado el Padre, que se nos llame hijos de Dios! ¡Y lo somos! El mundo no nos conoce, precisamente porque no lo conoció a él.

1 JUAN 3:1 NVI

....

Lo sé, lo sé. A veces no es divertido que te llamen niña. Quizás desearías no ser tan joven. O tal vez querrías haber crecido ya. Llegarán esos días, con seguridad. Por ahora, no puedes evitar pensar que el hecho de que te llamen niña, te hace parecer un bebé, ¿cierto?

Quizás no. La Biblia enseña que las personas que quieren conocer a Dios, conocerlo de verdad, deberían ser como niños. Inocentes y puros, preparados para creer lo que nos han dicho. Cuando eres realmente pequeña, confías, amas, no dudas, no te preocupas por lo que piensen o digan los demás.

La Biblia dice que todos somos hijos de Dios... ¡y eso es bueno! Somos sus niñas. Estar en Su familia tiene algo muy especial. Nos ama como el mejor padre del mundo. Nos cuida, nos protege y nos ayuda en los momentos difíciles.

Sí, a veces está bien ser una niña, especialmente con un padre como Dios.

Papi Dios... ¡Me encanta llamarte así! Normalmente no me gusta que me llamen niña, pero me encanta que me llamen tu niña. Gracias por adoptarme, y reconocerme como tuya.

49

¡Chica, vigila ese carácter!

Pero ahora tienen que dejar también todo esto:
no se enojen, no busquen hacer el mal a otros, no
ofendan a Dios ni insulten a sus semejantes.
COLOSENSES 3:8 TLA

....

¡Oooh, a veces nos enfadamos tanto que solo queremos hervir de rabia! Imagina esto: Tu hermanita entra en tu habitación y "toma prestado" tu videojuego, o quizás tu camiseta favorita, sin preguntarte. Entonces lo pierde. ¡Lo pierde! Tienes derecho de enfadarte, ¿verdad? De seguro que Dios no se enfadará si le lees la cartilla, y le dices lo que piensas sobre ella y sobre lo que ha hecho.

Error. Dios no quiere que te tomes un berrinche o una rabieta, ni siquiera cuando sientes que tienes derecho a ello. Quiere que reacciones de la forma en que Él lo haría, porque eres hija del Rey. El versículo anterior declara que quiere que alejes de tu vida el enojo y los insultos.

Entonces, ¿cómo lo hacemos? ¿Cómo te deshaces de tu enojo? En primer lugar, necesitas orar por ello. Entrégaselo a Dios. Dile que ya no lo quieres. Entonces, cada vez que comiences a enfadarte, respira hondo... y ¡puf! ¡Tu enojo desaparecerá!

Señor, te ruego que me ayudes con mi temperamento.
A veces pierdo los nervios por completo, Señor. No
quiero hacerlo, pero lo hago. No quiero que se me
conozca cono una chica que lucha con su temperamento,
así que cuento contigo para que me ayudes.

¡DIOS ES LO MÁS IMPORTANTE!

Dios habló, y dio a conocer todos estos mandamientos: «Yo soy el Señor tu Dios. Yo te saqué de Egipto, del país donde eras esclavo. No tengas otros dioses además de mí».
ÉXODO 20:1-3 NVI

....

Una vez vivió un verdadero gran hombre llamado Moisés. Puedes leer en la Biblia todo sobre él. Sacó a su pueblo fuera de Egipto y lo guio a la Tierra Prometida. Durante el camino, fue a una montaña. La escaló, y Dios le dio unos mandamientos (normas) especiales para que se los diera a su pueblo. El primer mandamiento fue "No tengas otros dioses además de mí".

Estoy segura de que Moisés tuvo mucho en que pensar cuando oyó esas palabras. ¡Nosotros también tenemos mucho que pensar! Al igual que Moisés, debemos tener mucho cuidado de no tener nada más importante que nuestra relación con Dios. "No tengas otros dioses" significa que nada puede significar más que Él para nosotros. Ni nuestros juguetes ni nuestras amigas, ni siquiera nuestras familias. Lo más importante debe ser nuestra relación con Dios.

¿Existe algo en tu vida que haya llegado a ser demasiado importante? Si es así, pídele a Dios que te perdone, y luego ponlo de nuevo en el lugar más importante. Dios te bendecirá cuando lo honres.

Señor, a veces me olvido de ponerte en primer lugar. Por favor, sigue recordándome que tú eres lo más importante, por encima de todo y de todos.

¡IMITADORA!

Querido hermano, no imites lo malo, sino lo bueno. El que hace lo bueno es de Dios; el que hace lo malo no ha visto a Dios.
3 JUAN 1:11 NVI

....

Algunas chicas son imitadoras. El motivo es que no están contentas siendo como son. ¿Las has observado alguna vez? Chicas que se visten igual para poder sentirse parte del grupo, o que hablan del mismo modo para sentir que encajan.

A las chicas les gusta imitarse unas a otras, ¿verdad? Normalmente copian a otras chicas, a las que quieren parecerse o como las que quieren ser. Pero en el libro de Dios, si vas a ser una imitadora, debes hacerlo a Su modo. Quiere que lo imites a Él. Debemos ser (y actuar) más como Dios, ¡y existen muchas formas de hacerlo!

¿Cómo imitas a Dios? Comienza leyendo los Evangelios (Mateo, Marcos, Lucas y Juan) para ver lo que hizo Jesús, y entonces ve por ahí copiando lo que hizo. Por ejemplo, era amable con las personas con quien la mayoría no lo era. ¿Puedes hacer esto? No trataba a unos mejor que a otros. No tenía favoritos. Se preocupaba por los enfermos, los heridos, los necesitados y los pobres. ¿Puedes hacer algo por esas personas?

Si quieres imitar a Jesús, sé una hacedora de buenas obras. ¡Entonces serás una gran imitadora!

Señor, me importa imitarte a ti.
Quiero ser más como tú. Recuérdame cada día
que tú eres el único a quien debería imitar.

TUS TALENTOS ESPECIALES

Por esta razón, te recuerdo que avives el fuego del don
espiritual que Dios te dio cuando te impuse mis manos.
2 TIMOTEO 1:6 NTV

....

¿Sabías que Dios te ha dado talentos especiales? Es cierto.
Puede que no te des cuenta, pero se te han concedido
muchos dones únicos. Quizás puedes cantar o tocar un
instrumento. Quizás disfrutas interpretando o bailando, y te
encanta actuar en "el gran escenario". A lo mejor prefieres
garabatear tus pensamientos en tu diario o escribir pequeños
poemas divertidos para hacer sonreír a los demás.

Recuerda, todas estas habilidades proceden de tu Padre
celestial, y Él quiere que las fomentes. Continúa practicando,
trabajando en ellas y, mientras lo haces, no te compares con
los demás. ¿Qué importa si alguien es un poco mejor que tú en
algo? El Señor también dio dones a tus amigas, y quiere que los
usen. Todos Sus hijos están creados de forma única, ¡y es genial
ver crecer nuestros talentos!

El Rey de reyes se tomó el tiempo de darte estos dones tan
especiales. ¡Desata cada uno de ellos y úsalos para Su gloria!

Gracias Señor por bendecirme con dones especiales.
Quiero usarlos para ti. Muéstrame cómo
puedo brindar gloria a Tu nombre.

¡Oh, Dios mío!

*Quiero hacer lo que es bueno, pero no lo hago. No quiero
hacer lo que está mal, pero igual lo hago. Ahora, si hago
lo que no quiero hacer, realmente no soy yo el que hace
lo que está mal, sino el pecado que vive en mí.*

ROMANOS 7:19-20 NVT

· ·

¿Sabías que no siempre es fácil hacer lo correcto? De hecho,
en ocasiones es lo más difícil de todo.

Aquí tienes un buen ejemplo: imagina que tu amiga
extiende un rumor sobre ti, que no es cierto. Quieres hacer lo
incorrecto: enfadarte con ella. Devolvérsela y contarles a los
demás alguna historia sobre ella. Que los demás se enfaden con
ella tanto como tú. Pero Dios, tu Padre celestial, te susurra al
oído: "Haz lo correcto. Perdónala".

"¿Perdonarla? ¿Estás de broma? ¿Después de lo que dijo
sobre mí?".

"Sí, perdonarla. Eso es lo que hace una hija del Rey. Pone la
otra mejilla".

Así que, tragas saliva... y oras. Haces lo más difícil: perdonas
a tu amiga por haberte herido, y oras para que Dios sane tu
amistad quebrantada. Al final, tu amiga se da cuenta del daño
producido y te pide perdón. Eres capaz de ser su amiga de
nuevo, no porque te lo haya pedido, sino porque ya la has
perdonado. ¡Dios está contento, y tú también!

¿Lo ves? Todo el mundo gana cuando tomas buenas
decisiones. Hacer lo bueno no siempre es fácil, desde luego,
pero *siempre* es correcto.

*Señor, te ruego que la próxima vez que me sienta tentada
a hacer lo incorrecto, frenes mis pasos. Ayúdame a hacer
lo correcto, Padre, incluso cuando sea muy, muy difícil.*

¡Cambiadoras del mundo!

Y (Jesús) les dijo (a los discípulos): "Vayan por todo el mundo y prediquen el evangelio a toda criatura".
Marcos 16:15 rvc

....

¿Qué significa "ir por el mundo" y compartir el evangelio? ¿Significa tener que viajar a los siete continentes para hablarles de Jesús a personas que no conoces en absoluto? No necesariamente. Tu "mundo" podría estar tan cerca como tu vecindario o tu propia familia. Podría ser tu escuela o tu piscina municipal. Cuando preparas tu mente para "ir por el mundo", le estás diciendo a Dios: "¡Quiero ser una cambiadora del mundo!".

Los cambiadores del mundo son aquellos que no temen hacer cosas que les puedan resultar incómodas. No solo caminan por la parte poco profunda de la piscina. Saltan a lo más profundo. En otras palabras, salen fuera para Dios. Quieren marcar la diferencia en su mundo. Su mayor oración es hablarles a los demás de Jesús. Se toman muy en serio las palabras del versículo de hoy.

Marcar la diferencia puede dar miedo a veces, ¡pero qué maravilloso es ser usado por Dios, de formas nuevas y apasionantes! Cuando le dices que quieres ser una cambiadora del mundo, te da el valor que necesitas para ganar a otros para Él. Esto no ocurrirá a menos que estés a solas con Él, y ores primero. Pídele que te muestre cómo actuar. Una vez te indique cómo cambiar el mundo, ¡observa! ¡Será genial!

¡Señor, no puedo esperar a cambiar mi mundo para ti! Muéstrame cómo empezar. Quiero "ir por todo el mundo" y hacer que otros puedan saber cuánto los amas.

¿Temor... o Fe?

El Señor es mi luz y mi salvación; ¿a quién temeré? El Señor es el baluarte de mi vida; ¿quién podrá amedrentarme?
SALMOS 27:1 NVI

....

¿Has vistos alguna vez esos anuncios de quitamanchas? ¿Esos que te garantizan eliminar hasta las manchas más difíciles? Parecen funcionar de forma mágica (al menos a través de la pantalla de la tele). ¡Uau!

¿Te gustaría tener un "quitamiedos"? ¿Algo con lo que poder quitar todas tus preocupaciones y miedos rápidamente? Bien, ¿sabes qué? ¡Lo tienes!

Cuando depositas tu confianza en Dios, no tienes nada que temer. ¿Te asusta la oscuridad? Miedo, ¡vete! ¿Te asusta la escuela? Miedo, ¡vete! ¿Te asusta caerte o sentirte avergonzada alrededor de los demás? Miedo, ¡vete, en el nombre de Jesús!

Dios nunca pretendió que Sus hijos vivieran en temor. De hecho, la fe es lo opuesto al temor, de modo que la próxima vez que empieces a tener miedo, recuerda, Dios es tu luz y tu salvación. Simplemente observa aquello que te atemoriza y pronuncia estas palabras: "¡Miedo, vete, en el nombre de Jesús!".

Señor, estoy tan feliz de no tener que sentir miedo. ¡Vaya! Qué descanso, Padre. Echas fuera el temor rápidamente. Estoy muy agradecida.

CONTENTAMIENTO

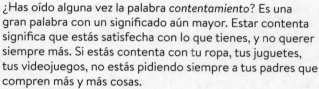

*Pero la piedad es una gran ganancia, cuando va
acompañada de contentamiento; porque nada hemos traído
a este mundo, y sin duda nada podremos sacar. Así que, si
tenemos sustento y abrigo, contentémonos con eso.*
1 TIMOTEO 6:6-8 RVC

· ·

¿Has oído alguna vez la palabra *contentamiento*? Es una
gran palabra con un significado aún mayor. Estar contenta
significa que estás satisfecha con lo que tienes, y no querer
siempre más. Si estás contenta con tu ropa, tus juguetes,
tus videojuegos, no estás pidiendo siempre a tus padres que
compren más y más cosas.

Sin embargo, estar contenta consiste en algo más que lo
material. Estar verdaderamente contenta significa estar bien
por dentro, incluso cuando las cosas están difíciles fuera.
Cuando pasas por momentos duros, y parece que la vida no
tiene sentido, puedes confiar en que Dios está al cuidado de las
cosas. Cuando confías en Él, puedes estar convencida de que
todo irá bien.

Una chica contenta reposa su cabeza en la almohada por la
noche y duerme como un bebé, porque sabe que el Señor tiene
el control. ¿Eres una chica contenta? Si no es así, pídele a Dios
que te muestre cómo puedes estar contenta en Él.

*Señor, quiero estar contenta. Ayúdame a estar satisfecha
con las cosas que tengo, y no pedir siempre más. Ayúdame
a permanecer contenta, incluso cuando la vida sea
dura, y a confiar en que tú estás al control de todo.*

DAR

*Con mi ejemplo les he mostrado que es preciso trabajar
duro para ayudar a los necesitados, recordando las palabras
del Señor Jesús: "Hay más dicha en dar que en recibir".*
HECHOS 20:35 NVI

....

Según el versículo más arriba, es mejor dar que recibir.
Asombroso, ¿verdad? Oh, recibir cosas es muy divertido, por
supuesto. Abrir regalos el día de Navidad, recibir regalos de
cumpleaños, dinero de tu abuela o de tu tía. Es genial. ¡No lo
niego! ¿Pero por qué no pasar un poco más de tiempo dando a
los demás? Pruébalo y observa qué sentimiento es mejor, ¿dar
o recibir? ¡Tal vez aprendas una o dos cosas!

Aquí tienes algunas formas de dar: hacer una tarjeta para la
mujer anciana que vive en tu calle. Comprar algunas botellas de
agua o comida enlatada para dar a los vagabundos o al banco
de alimentos local. Regalar la ropa que ya no te queda bien
a alguien que lo necesita. En lugar de comer fuera, ahorra tu
dinero, y ayuda a niños de otro país.

Existe todo tipo de formas en las que puedes dar, y te
sentirás maravillosamente cuando lo hagas. ¡Realmente, es
mucho mejor dar que recibir!

*Señor, he de confesar que me encanta recibir cosas...
a veces más de lo que me gusta dar. Padre, hazme
más generosa. ¡Hazme una dadora alegre!*

CREACIÓN

Incluso antes de haber hecho el mundo, Dios nos amó y nos eligió en Cristo para que seamos santos e intachables a sus ojos.

EFESIOS 1:4 NTV

....

Cuando "creas" algo, significa que lo haces a partir de la nada. Piensa en ello por un momento. ¿Alguna vez has creado algo en realidad? Probablemente no. Todo cuando hacemos está hecho de alguna otra cosa.

Aquí tienes un ejemplo: cuando tu madre quiere hornear un pastel, utiliza ingredientes como harina, huevos, manteca, y otros alimentos. Seguro que cocina un pastel delicioso, pero comenzó con cosas que ya existían. Cuando Dios creó los cielos y la tierra, tomó la nada y la convirtió en algo. Es genial, ¿no? ¡Él creó de verdad! Y no se detuvo con los cielos y la tierra. Llenó la tierra de ríos y montañas, animales y peces, y mucho más. ¡Qué increíble!

Sí, servimos a un Dios muy creativo, quien tuvo un gran cuidado en todas las cosas que hizo. Su creación más hermosa somos nosotros, Su pueblo. Somos más importantes para Él que cualquier animal, árbol, océano, o cualquier otra cosa. Cuando nos hizo, sopló Su aliento en nosotros, y nos creó a Su imagen. Cada uno de nosotros, incluida tú, es muy especial para nuestro Creador.

Señor, me gusta saber que tomaste la nada y la convertiste en algo. ¡Uau! ¡Es tan genial pensar en ello! Gracias por tomarte el tiempo de crear el mundo, y gracias por tomarte el tiempo de crearme a mí.

Solo un poco de bondad

Si tu enemigo tiene hambre, dale de comer;
si tiene sed, dale de beber.

PROVERBIOS 25:21 NVI

· ·

¿Qué harías si tu mejor amiga decidiera, de repente, que no quiere seguir siendo tu amiga? ¿Qué ocurriría si tus demás amigas hicieran lo mismo, y no supieras por qué? Este tipo de cosas suceden todo el tiempo, pero no solo a los niños. También les ocurre a los mayores, y puede ser doloroso. Personas que comienzan siendo amigas, y acaban siendo enemigas. De hecho, las cosas pueden ponerse muy feas.

¿Sabías que a Dios se le rompe el corazón cuando las personas no se llevan bien? Es verdad. Él quiere que Sus hijos se amen unos a otros. ¿Pero cómo es esto posible, sobre todo cuando esas personas son malas contigo? ¿Qué puedes hacer para mejorar las cosas?

En lugar de enfadarte, o ponerte al mismo nivel, ¿por qué no tratas de ser un poco amable? La Biblia advierte que no deberíamos pagar mal con mal. La experiencia demostrará que tratar mal a los demás no ayuda. En realidad, solo empeora las cosas.

Puede que esto suene a locura, pero la próxima vez que una amiga te trate mal, haz algo agradable para ella. Envíale una tarjeta bonita, o dale un pequeño regalo; quizá algo que significa mucho para ti. Simplemente observa si la pequeña amabilidad no contribuye a que las cosas mejoren.

Señor, a veces me hieren en mis sentimientos. No sé por
qué algunas personas no quieren ser amigas mías. Gracias
por ser el mejor amigo de todos, y el que nunca me dejará.
Muéstrame cómo responder a los demás con amabilidad.

Huir de Dios

Jonás se fue, pero en dirección a Tarsis, para huir del Señor. Bajó a Jope, donde encontró un barco que zarpaba rumbo a Tarsis. Pagó su pasaje y se embarcó con los que iban a esa ciudad, huyendo así del Señor.

JONÁS 1:3 NVI

....

¿Alguna vez has tenido que hacer algo tan grande, tan escalofriante, que solo querías salir corriendo en la dirección opuesta? Si es así, entonces deberías leer la historia de Jonás. Dios le pidió que hiciera algo muy difícil, y Jonás estaba aterrado, así que huyó. Pero Dios volvió a captar la atención de Jonás, a Su manera especial.

Jonás, quien había intentado escapar de Dios en un barco, fue arrojado de la gran nave y se lo tragó un pez gigante. (¡Qué asco!). Permaneció dentro del pez durante tres días, pero finalmente salió. Tenía mucho de lo que arrepentirse. Eso significa que, en primer lugar, tuvo que pedirle disculpas a Dios por haber huido.

¿Qué podemos aprender de la historia de Jonás? No huyas de los planes que Dios tiene para tu vida. Ciertamente, a veces tendrás que hacer cosas difíciles. Tendrás miedo. Pero confía en que Dios te dará el valor que necesitas para hacerlo. No huyas, ni escapes en un barco. Afronta las cosas con la cabeza en alto.

Señor, a veces tengo que hacer cosas difíciles, cosas que no quiero hacer. Quiero darme la vuelta y correr, pero no quiero ser un Jonás. Te ruego que me des el valor de hacer lo que me pides.

Enfréntate a tus gigantes

*Luego Goliat, un campeón filisteo de Gat, salió de entre
las filas de los filisteos para enfrentarse a las fuerzas
de Israel. ¡Medía casi tres metros de altura!*
1 Samuel 17:4 ntv

....

¿Alguna vez has oído la palabra *obstáculo*? Un obstáculo es
algo que se interpone en tu camino. Por ejemplo, si estuvieras
corriendo una carrera, y apareciera una montaña enorme
delante de ti, ese sería un gran obstáculo.

Hay una historia en la Biblia sobre un pequeño pastor
llamado David, quien se encontró un gran obstáculo: un gigante
llamado Goliat. Afrontó su obstáculo, y lo derrumbó con una
piedra y una honda. ¡Uau! Ejercitar el valor para permanecer
fuerte es fabuloso, incluso cuando todo está en tu contra.

Así que, ¿a qué obstáculos te enfrentas? ¿Malas notas?
¿Una situación en casa con tus padres? ¿Un problema con tu
amiga? Quizá parezca enorme, pero en realidad no lo es. Tan
solo pídele a Dios que te dé el valor de David, el pastor. Con Su
ayuda, todas las "grandes" cosas a las que te enfrentas pueden
desaparecer en un abrir y cerrar de ojos. ¡Toma, pues, tu honda!
Prepárate para derribar a tus gigantes.

*Señor, a veces me enfrento a grandes obstáculos.
¡Me parecen enormes! No puedo escalar por encima
de ellos ni puedo moverlos; debo alcanzar mi honda.
Ayúdame a tener la fe de David, para poder continuar,
incluso cuando las cosas se pongan difíciles.*

RECHAZAR EL RECHAZO

*"Si el mundo los aborrece, sepan que a mí me
ha aborrecido antes que a ustedes".*

JUAN 15:18 RVC

....

¿Sabes lo que significa ser rechazado? Significa que la gente no quiere tener nada que ver contigo. (¡Auch!) No desean pasar tiempo ni quedar contigo.

Todos nos enfrentamos al rechazo. Es duro. Pensamos que somos aceptadas por nuestras amigas, pero entonces dicen: "Vete. Ya no queremos ser tus amigas". ¿Por qué hacen eso? ¡Quién sabe! Las personas rechazan a los demás por diferentes razones, la mayoría de ellas tontas u orgullosas.

¿Quieres un fabuloso consejo para tratar con el rechazo? ¡Recházalo! Suéltalo. No te compadezcas de ti. Simplemente perdona a quienes te hieren, y sigue adelante. Esto es lo mejor que puedes hacer: conforma tu mente para no rechazar a los demás, incluso cuando ellos te rechacen a ti. Acéptalos. Ámalos.

¿Por qué habríamos de hacer esto? Porque nunca ganaremos a los demás para Cristo si los rechazamos. Necesitamos hacer que todo el mundo se sienta amado y aceptado. Cuando lo hacemos, les estamos mostrando el amor de Dios. Así que, ¡rechaza el rechazo! Deshazte de él. Ama a todo el mundo y Dios te bendecirá.

*Padre, la gente hiere mis sentimientos cuando me
rechaza. No me gusta. Ayúdame a perdonar y aceptar
a las personas para poder mostrarles tu amor.*

¡Practica, practica, practica!

Dios es luz y en él no hay nada de oscuridad. Por lo tanto, mentimos si afirmamos que tenemos comunión con Dios, pero seguimos viviendo en oscuridad espiritual; no estamos practicando la verdad.
1 Juan 1:5-6 ntv

....

¿Te consideras una niña de Dios? Si es así, ¡escucha! Las chicas de Dios siempre dicen la verdad. ¿Por qué? Porque es lo correcto, incluso cuando es difícil.

Es especialmente importante decir la verdad cuando te sientes tentada a inventar una pequeña mentirita.

Puede que digas: "Bueno, no miento. No es un problema para mí". Muchas de las chicas de Dios no piensan que mienten; esta es una forma en la que se equivocan: van por ahí diciendo que son cristianas, pero luego no siempre actúan como si lo fuesen. ¡Auch! "Entonces ¿eso es una mentira?" preguntas. ¡*Sip*! Nuestras palabras y nuestros actos deben coincidir.

Imagina que te encuentras con una chica en la escuela. Te dice que es cristiana, y estás muy emocionada por tener una nueva amiga. Se sientan una al lado de la otra en clase, y comparten sus mejores secretos. La invitas a dormir a tu casa. Entonces la ves haciendo algo muy malo, quizás le miente a la profesora o roba algo. Estás confundida por sus acciones. No coinciden con sus palabras. Afirmó ser cristiana... pero no actúa como si lo fuese.

Los cristianos deben ser personas verdaderas, que hacen lo que dicen. Debemos permitir que la luz de la verdad brille.

Señor, quiero brillar. Eso significa que debo decir la verdad siempre. Necesito hacer aquello que digo que voy a hacer. Por ello te pido ayuda, Padre.

TENER FAVORITOS

*Hermanos míos, la fe que tienen en nuestro glorioso
Señor Jesucristo no debe dar lugar a favoritismos.*

SANTIAGO 2:1 NVI

....

¿Tienes favoritismos? Quizás tengas una amiga especial.
La tratas con más amabilidad que a las demás. Suena bien,
¿verdad? Sin embargo, la Biblia advierte que no tengamos
favoritos. Eso no significa que no debamos tener una amiga
especial, sino simplemente que debes tratar a los demás con
la misma amabilidad.

Hay una historia en la Biblia sobre un hombre que entró a la
iglesia vestido de ropas caras. Se le trató mejor que al hombre
pobre, porque era rico. A Dios no le gusta esto en absoluto.
Debemos tratar a todo el mundo igual, independientemente
de cómo vistan, del dinero que posean, o de las amigas que
tengan. Tampoco debemos tener favoritismos porque nos
guste la piel o el cuerpo de alguien. Dios ama a todas las
personas, cualquiera que sea su color, su forma y su estatura.

Así que no tengas favoritismos. No trates bien a unos y mal
a otros. Ama a todo el mundo por igual. Dios lo hace, y lo sabes.
Y tú quieres ser como Él, ¿verdad? ¡Entonces está bien! ¡Sin
favoritismos!

*Señor, tengo amigas especiales, y las amo mucho. A veces es
difícil recordar que tú quieres que ame a todo el mundo por
igual. Ayúdame a hacerlo, Señor. Quiero amar como tú.*

Desaliento

Estas cosas les he hablado para que en mí tengan paz. En el mundo tendrán aflicción; pero confíen, yo he vencido al mundo.

Juan 16:33 RVC

....

¿Alguna vez has estado realmente desalentada? Quizá te has sentido deprimida. Parecía que no podías sonreír, pasara lo que pasara. Ni siquiera las bobadas de tu hermano o las tonterías de tu hermana podían hacerte reír. Tenías el ánimo por los suelos.

Ciertamente no estás sola. Todos pasamos por épocas de desánimo. Dios comprende cómo nos sentimos. Seguro que se pone un poco triste cuando ve a Sus hijos (nosotros) vagando lejos de Él.

Así que ¿cómo puedes levantar tu ánimo cuando estás decaída? ¿Qué convertiría un día triste en un día alegre? La respuesta es simple: alabar al Señor. Puede sonar difícil, pero cuando estás muy, muy desalentada, en lugar de lloriquear y quejarte sobre lo infeliz que eres, en vez de aferrarte a tu situación, comienza a dar gracias a Dios por tener una respuesta. Él la tiene, y lo sabes. Confía en Él, alábalo, y Él te levantará.

Padre, a veces me siento deprimida. Otras personas a mi alrededor están felices, pero yo no. Quisiera acurrucarme y hacerme un ovillo, y llorar. Por favor, recuérdame durante esos momentos de desaliento que puedo alabarte, Señor. Elegiré alabar, no quejarme.

ESCOGEDORAS DE GOZO

Por eso mi corazón se alegra, y se regocijan mis entrañas; todo mi ser se llena de confianza.

SALMOS 16:9 NVI

....

Si eres como la mayoría de chicas, tendrás muchas amigas, y ninguna de ellas se parecen. Algunas son tontas, otras están tristes. Unas son alegres, otras están locas. Las hay positivas y negativas. No es demasiado divertido estar cerca de las que son negativas, ¿verdad?

El mejor tipo de amiga es aquella que escoge el gozo, independientemente de lo difícil que sean las cosas. Parece que siempre va por encima de sus circunstancias, con una sonrisa en la cara. No está fingiendo. En absoluto. Lo más probable es que esté verdaderamente feliz por dentro y por fuera, porque tiene el gozo del Señor en su corazón. Sabe que puede confiar en Dios, incluso cuando las cosas están complicadas.

Así que aquí tienes una pregunta importante: ¿eres una escogedora de gozo? ¿Quieren los demás estar cerca de ti, porque les levantas el ánimo y escoges el gozo, incluso cuando estás pasando un momento difícil? ¡Por qué no pedirle a Dios que te llene de gozo para que tus amigas te conozcan como una escogedora verdadera de gozo!

Señor, las cosas no son perfectas en mi vida, pero no importa. ¡Hoy escojo el gozo de todos modos!

Buen Fruto, mal Fruto

Si tienen un buen árbol, su fruto es bueno; si tienen un mal árbol, su fruto es malo. Al árbol se le reconoce por su fruto.

MATEO 12:33 NVI

....

¿Has mordido alguna vez una manzana y has visto que estaba podrida por dentro? ¡Qué asco! No hay nada más desagradable que una vieja fruta podrida. ¿Has comido alguna vez un plátano marrón y blando? ¿Y una naranja seca, una fresa pastosa o un melocotón mohoso? Es repugnante, ¿verdad?

¿Por qué estamos hablando de frutos? ¿Qué tiene esto que ver con algo en concreto? Quizás más de lo que imaginas. Las personas nos reconocen por nuestro fruto. No hablamos de manzanas y naranjas, sino de los frutos del Espíritu: amor, gozo, paz, paciencia, benignidad, bondad, fe, mansedumbre y dominio propio. Si te pegas a Jesús (como las vides cuelgan de la rama de un árbol), producirás buen fruto, pero si te alejas, producirás mal fruto.

Esto es lo importante: cuando la gente te mira, ven a alguien que muestra amor, gozo y paciencia, o ven a alguien gruñendo, con la que es difícil estar y que es impaciente. Ven tu fruto, bueno o malo. Ven a alguien que tiene una actitud servicial o a alguien que siempre quiere hacer las cosas a su modo.

Así que, ¿cuál es el tuyo, dulce niña? ¿Buen fruto? ¿Mal fruto? ¿Fruto feliz? ¿O fruto triste? La decisión es tuya.

Señor, te ruego que me ayudes a producir buen fruto. Quiero que, cuando la gente me mire, vea amor, gozo, paz, paciencia, y todas las demás cosas deliciosas que yo debería producir.

¡Digno es el Cordero!

*Luego miré, y oí la voz de muchos ángeles que estaban
alrededor del trono, de los seres vivientes y de los ancianos. El
número de ellos era millares de millares y millones de millones.
Cantaban con todas sus fuerzas: "¡Digno es el Cordero,
que ha sido sacrificado, de recibir el poder, la riqueza y la
sabiduría, la fortaleza y la honra, la gloria y la alabanza!".*

APOCALIPSIS 5:11-12 NVI

....

¿Alguna vez has pensado en cómo será el cielo? La Biblia
dice que habrá calles de oro y una puerta de perlas.
¡Impresionante! Una de las historias más asombrosas sobre
el cielo se halla en el libro de Apocalipsis (en tu Biblia). En
esa historia, un gran grupo de ángeles y otros adoradores
se reúnen alrededor del trono de Dios, y cantan alabanzas a
pleno pulmón. ¿Puedes imaginar la escena?

Imagina el servicio de alabanza y adoración más asombroso
al que hayas asistido. Quizá fue en la iglesia, en un campamento.
A lo mejor cerraste tus ojos mientras cantabas cánticos de
adoración a Jesús. Seguro que sentiste Su presencia. Bueno,
imagina esto multiplicado por un millón o por mil millones.
¡Qué gozo será adorar a Jesús en el cielo, rodeado a cada lado
por ángeles y todos los creyentes de todos los tiempos! ¿Se te
pone la piel de gallina cuando lo piensas?

Dios es digno de nuestra adoración, no solo en el cielo, sino
también aquí, en la tierra. Así que la próxima vez que estés en
la iglesia, y los que cantan comiencen a adorarlo, ¡únete en el
canto! ¡Estarás ensayando para el cielo!

*Señor, no puedo esperar para adorar junto a los ángeles.
La próxima vez que esté en la iglesia, recuérdame
que mi adoración es un ensayo para el asombroso
día en el que cante con el coro angelical.*

Personas que brillan e iluminan

*Por eso mi corazón se alegra, y se regocijan mis
entrañas; todo mi ser se llena de confianza.*

SALMOS 16:9 NVI

....

¿Alguna vez has conocido a una chica que parecía brillar e
iluminar? Puedes mirarla y ver su cara sonriente, y saber que
ha sido llena del gozo de Dios. Sus radiantes ojos parecen
centellear y brillar siempre con el amor de Dios por los demás.
Es tan delicioso estar rodeado de personas así, porque son
hermosas desde adentro hacia afuera. No fingen estar felices
cuando no lo están, ¡realmente lo son!

Tengo maravillosas noticias para ti: ¡tú puedes *ser* esa chica!
Puedes brillar por Jesús. Simplemente imagina tu cara como
si fuese una vidriera. Cuando te llenas del gozo de Dios, de
adentro hacia afuera, centelleas y brillas para que todos lo vean.
Te ves hermosa, porque estás cargada de belleza interna, y
centellea, centellea, centellea como el sol resplandece a través
de una hermosa ventana. ¡Habla del resplandor celestial! ¿Por
qué? Todos querrán saber por qué brillas como una estrella.

*Padre, ¡quiero centellear y brillar para Ti! Quiero llenarme
tanto de gozo para que las personas vean mis ojos radiantes y
mi gran sonrisa, y digan "¡Uau! ¡Yo también quiero ese gozo!".*

Un pellizco de sal

"Ustedes son la sal de la tierra. Pero, si la sal se vuelve insípida, ¿cómo recobrará su sabor? Ya no sirve para nada, sino para que la gente la deseche y la pisotee".

Mateo 5:13 nvi

....

Imagina que estás en un lugar de comida rápida, y acabas de pedir una hamburguesa con queso y patatas fritas. Pruebas las patatas, y te das cuenta de que no tienen sal. De hecho, no encuentras sal por ningún lugar del restaurante. Seguro que sigues y te comes las patatas, pero no están muy sabrosas, ¿verdad? Y no es que necesites mucha sal para solucionar el problema. Solo un poco mejoraría mucho.

¿Sabías que Dios quiere que seas salada? ¡Es cierto! Cuando eres salada, puedes mostrar tu fe a quienes no conocen al Señor, y les gustará el sabor de lo que dices. Una simple pizca aquí y allá mejora mucho. No necesitan que les prediques. (¡Habla acerca de sobrecargar la sal!) Solo necesitan pequeños granitos, los suficientes para que estén sedientos de Dios. El problema es que algunas chicas han perdido su salinidad. Están demasiado ocupadas intentando encajar con sus amigas, y nadie nota que sean en absoluto distintas.

Dios quiere usarte para hacer que las personas estén sedientas de Él. Suena divertido, ¿verdad? ¡Lo es! ¡Qué aventura! Así que, ¡agarra ese salero, pequeña! Dios tiene trabajo para ti.

Padre, quiero ser una cristiana salada. Quiero que los demás oigan tus Buenas Nuevas, y deseen lo que yo tengo. Ayúdame a no perder mi sabor, Señor.

Demasiadas cosas

*No amen al mundo ni nada de lo que hay en él. Si
alguien ama al mundo, no tiene el amor del Padre.*

1 Juan 2:15 nvi

....

¡Seguro que las chicas tienen un montón de cosas! Sus
habitaciones están llenas. Pero ¿realmente necesitan todas
esas cosas? ¿Alguna vez has pensado dar algunas de ellas?

¿Podrías vivir sin televisión? ¿Y sin ordenadores? ¿Internet?
¿Teléfonos móviles? ¿Videojuegos? ¿Podrías arreglártelas sin
tus zapatos guays, tus tablets y tus juguetes? ¿Qué harías si
desaparecieran todas esas cosas, y nunca más volvieran? ¿Sería
tu vida más difícil o más fácil?

Las chicas de hoy tienen muchísimas cosas, pero algunas de
ellas las alejan de hacer lo que deberían estar haciendo. Imagina
que estás jugando a un videojuego. Las horas pasan y ni siquiera
te das cuenta. Después de mucho rato, la tarde ya ha pasado.
Has perdido el tiempo de poder estar con tu familia, o leyendo
tu Biblia. No has hecho tus deberes, y olvidaste escribir ese
email a tu abuela.

¿Ves cómo nuestras "cosas" se interponen? Y este es el
problema: nos cuesta detenernos, porque pensamos que no
podemos vivir sin ello. Y esto es lo divertido: ¡deja algo durante
un día entero! ¿No crees que puedas? ¡Inténtalo! Después de
todo, son solo cosas.

*Padre, debo admitir que tengo muchas cosas. Realmente
no las necesito todas. Algunas de ellas me roban tiempo.
Ayúdame a amarte solo a ti, Señor, no a mis cosas.*

COMPROMISO

Encomienda al Señor tu camino; confía en él, y él actuará.
SALMOS 37:5 NVI

....

¿Habías oído alguna vez la palabra *compromiso*? ¿Sabes lo que significa estar comprometida con algo? Cuando lo estás, no renuncias ocurra lo que ocurra. Si estuvieras comprometida con ahorrar dinero para un viaje de misión, por ejemplo, ahorrarías, ahorrarías y ahorrarías en lugar de gastar, gastar y gastar. Si tu madre está comprometida con perder peso, no desiste, ni siquiera cuando está ante un gran trozo de tarta de chocolate. Cuando tu padre está comprometido con proveer para su familia, sale de la cama cada mañana y va a trabajar, incluso cuando no tiene ganas.

Sí, comprometerse con algo significa que no desistirás. Entonces, ¿qué significa esto para ti como hija de Dios? Significa que caminarás con Él y escucharás Su Palabra (la Biblia) incluso cuando no te apetezca. Vivirás una vida santa, incluso cuando los demás que te rodean te tienten a hacer cosas que no deberías hacer. Hablarás a los demás sobre Él, incluso cuando sea difícil.

Estar comprometida es duro, pero la recompensa es enorme. Así que decídete. ¡No desistas! Toma hoy la decisión de adherirte a Dios cada día, durante el resto de tu vida, y Él se pegará a ti eternamente.

Señor, no soy una chica que desiste. Cuando comienzo algo, quiero seguir hasta el final. Comencé mi relación contigo cuando te di mi corazón. Me comprometo contigo para siempre, Padre.

Una dosis extra

*Así que, amados hermanos, en medio de nuestras
dificultades y sufrimientos hemos sido muy animados
porque han permanecido firmes en su fe.*

1 Tesalonicenses 3:7 ntv

....

¿Alguna vez te has sentido debilitada? ¿Agotada y cansada?
¿Lista para abandonar? ¿A veces necesitas una dosis extra de
fuerza y valor? Si es así, ¡únete al club!

Todos pasamos por momentos en los que nuestra fe está
baja, momentos en los que nos sentimos sin energía para
orar por las cosas grandes, por las cosas difíciles. Pero esto es
lo guay de Dios: cuando estamos en el momento de mayor
debilidad, Él sigue siendo fuerte. Es genial saber que Dios nunca
se cansa. Quiere que te apoyes en Él cuando te sientas débil, y
que confíes en Él para que Él se encargue.

Digamos que tienes una gran necesidad de oración, una
enorme. Quizás alguien de tu familia está realmente enfermo,
o tus padres están pasando una crisis. Puede que hayas orado y
orado, pero parece que no ocurre nada. Incluso cuando sientes
que tus fuerzas se han agotado, recuerda que Dios no ha
cambiado. Sigue ahí, en el trono, y te fortalecerá si se lo pides.
Así que ¡pide! Acércate al trono de tu Padre Dios, y pídele valor
para atravesar las tormentas a las que te estás enfrentando.

*Dios, a veces necesito una dosis extra de fe. Me siento
debilitada. Recuérdame que soy fuerte en ti, Padre. Mientras
tanto, continuaré orando, creyendo y confiando.*

MAPA DEL TESORO

"El reino de los cielos es como un tesoro escondido en un campo. Cuando un hombre lo descubrió, lo volvió a esconder, y lleno de alegría fue y vendió todo lo que tenía y compró ese campo".
MATEO 13:44 NVI

....

¡Ooh, un tesoro escondido! ¿No te encantaría buscar uno? Suena genial, ¿no?

Imagina el mapa de una isla desierta, uno que te conduciría al mayor tesoro escondido jamás hallado. Sigues el mapa hasta que llegas a un lugar en el que excavas, y entonces encuentras un viejo cofre. Está repleto de incalculables monedas de oro y hermosas joyas, por valor de millones de dólares. ¿Qué harías después de cobrar todo ese tesoro? ¿Te irías de compras? ¡Quizás compartirías la alegría llevando a tus amigas a tomar unos helados! O quizás ayudarías a tus padres a pagar las facturas. ¡Qué gozo poder compartir tu tesoro con los demás!

La Biblia dice que el reino de los cielos es como un tesoro escondido en un terreno. Es algo de gran valor. Cuando tienes una relación con Jesús, descubres el mayor tesoro de todos, uno que te llevará hasta el cielo un día. La vida cristiana es un regalo de valor incalculable, uno que no puedes dar por sentado.

¡Y, adivina una cosa! Dios quiere que compartas ese regalo con los demás. Así que, asegúrate de dejar una pista clara para que puedan seguirla, a fin de que ellos también, puedan descubrir un día este asombroso tesoro, que tiene un valor muy superior a millones de dólares.

Señor, gracias por darme un mapa del tesoro (tu Palabra) para que pueda continuar este viaje de aventuras y descubrir la vida eterna. Ayúdame a dejar una pista clara para que mis amigos puedan descubrir la vida eterna también.

Entregar tu vida

En esto conocemos lo que es el amor: en que Jesucristo
entregó su vida por nosotros. Así también nosotros
debemos entregar la vida por nuestros hermanos.
1 Juan 3:16 nvi

....

¿Qué piensas cuando oyes la expresión *entregar tu vida*? ¿Da un poco de miedo, ¿verdad? Pero dar tu vida por alguien tan solo significa poner a esa persona primero. Te preocupas más por sus necesidades que por las tuyas.

Aquí tienes un ejemplo: imagina que tu abuela está muy enferma. Te piden que vayas a su casa para cuidarla. Seamos sinceras... realmente no quieres hacerlo. Suena deprimente. Quizás preferirías quedar con tus amigas, o jugar al videojuego. Pero vas, porque sabes que debes hacerlo.

Cuando llegas, te das cuenta de que tu abuela realmente necesita mucha ayuda. No puede prepararse la comida ni limpiar el piso. No puede fregar los platos, e incluso tiene problemas para salir de la cama. Cuando ve que has ido para ayudarla, se pone tan feliz de verte, tan feliz que empieza a llorar.

De repente, mirándola a los ojos, lo entiendes. Comprendes lo que significa dar tu vida por otra persona. Harás todo lo que ella necesite, no solo porque sea lo correcto, sino porque la amas.

Señor, estoy aprendiendo a poner las necesidades de los
demás primero. Dar mi vida no es fácil, pero merece la pena.

Rápidas para escuchar

Mis amados hermanos, quiero que entiendan lo siguiente: todos ustedes deben ser rápidos para escuchar, lentos para hablar y lentos para enojarse. El enojo humano no produce la rectitud que Dios desea.
SANTIAGO 1:19-20 NTV

....

¿Eres una de esas chicas a las que les encanta ser el centro de atención? ¿Te gusta ser de las que hablan, e interrumpen a los demás, cuando realmente no es tu turno? Bueno, ¡escucha! La Biblia dice que las hijas de Dios necesitan ser rápidas para escuchar y lentas para hablar. Eso significa que debes guardar el suficiente silencio para prestar atención a lo que dicen los demás.

Chica, es momento de ser totalmente honesta mientras respondes a estas preguntas: (1) ¿Te resulta difícil callar cuando hablan los demás? (2) ¿Qué ocurre cuando hieren tus sentimientos? ¿Sueltas un chorro como una tetera hirviendo? ¿Salen de tu boca ciertas palabras que luego desearías poder volverlas a meter?

Es difícil desdecir algo, ¿verdad? Es mejor no decirlo en un primer lugar. Así que cuando te sientas herida o enfadada, respira hondo. Cuenta hasta tres. No hables sin pensar con cuidado lo que vas a decir. Y recuerda que las chicas de Dios son rápidas para escuchar.

Es difícil para mí admitir esto, Señor, pero a veces me gusta ser el centro de atención. Te ruego que me ayudes a ser lenta para hablar y rápida para escuchar.

¡Estoy hambrienta!

Entonces la voz del cielo, que yo había oído antes, me habló otra vez y me dijo: "Ve y toma el librito abierto. Tómalo de la mano del ángel que se detuvo sobre el mar y sobre la tierra". Yo fui y le pedí al ángel que me diera el librito. Y el ángel me contestó: "Tómalo y cómetelo. En la boca te sabrá dulce como la miel".

APOCALIPSIS 10:8-9 TLA

....

¿Qué pasaría si descubrieras que no puedes comer en todo el día? Ni un bocado de comida. ¿Qué harías? ¿Lo conseguirías? ¿Y si no pudieras comer en dos o tres días? ¿Entonces qué? Lo más probable es que estuvieras enormemente débil. Con seguridad estarías también irritable. (¡Algunas personas comienzan a gruñir cuando dejan de comer una simple comida!). Después de un rato, tu hambre se adueñaría de ti, y no serías capaz de pensar en nada, excepto en comida. (¿Puedes escuchar cómo gruñe tu barriga?)

¿Sabías que la Biblia (la Palabra de Dios) es como la comida para nuestras almas? En serio. Si llevas tiempo sin leerla, te debilitas. Y si estás sin leerla durante mucho tiempo, tus fuerzas quedan totalmente desintegradas. Así que no dejes que tu Biblia se quede en la mesilla, junto a tu cama, agarrando polvo. ¡Sumérgete en ella, princesa! Una hija del Rey conoce las palabras de su Padre. Las memoriza, y las cita, cuando necesita recordar que está cerca.

¿Tienes hambre? Toma tu Biblia. ¡Habla de una dieta equilibrada!

A veces tengo hambre, Señor. Cuando la tenga, recuérdame que lo más delicioso que puedo saborear es tu Palabra. Me llenará, y levantará mi ánimo, todo al mismo tiempo.

¡Decir la verdad!

Los labios sinceros permanecen para siempre, pero la lengua mentirosa dura solo un instante.

PROVERBIOS 12:19 NVI

....

¿Prometes decir la verdad y nada más que la verdad, pase lo que pase? Puede que suene imposible, pero eso es lo que Dios espera de Sus niñas. Debes decir toda la verdad, no solo una verdad a medias. "¡Oh, pero yo no miento!", replicas. Quizás no, pero a veces los actos hablan más fuerte que las palabras.

Imagina esto: tu mejor amiga se sienta a tu lado en clase, echa un vistazo a tu examen y quiere copiar las respuestas. Te sientes incómoda y nerviosa, especialmente cuando la maestra se da cuenta, y te pregunta qué está ocurriendo. Parecería más fácil decir una pequeña mentira blanca que confesar la verdad, ¿no? Sobre todo cuando sabes que tu amiga se enfadará mucho contigo si la acusas. Seguramente puedes salir del paso con una pequeña mentira, solo por esta vez. ¿Verdad?

¡Error! El problema con las pequeñas mentiras blancas es que no hay nada de pequeño en ellas. Son enormes ante los ojos de Dios. Y lo más importante es que Él ve hasta el interior de tu corazón. Eso significa que Dios sabe cuando estás siendo deshonesta, incluso si nadie más lo ve, y eso rompe Su corazón.

¡Atrévete a ser diferente, especialmente en los momentos difíciles! ¡Habla la verdad!

Señor, quiero ser alguien que dice siempre la verdad. Ayúdame en las situaciones difíciles, Padre. Quiero decir toda la verdad, y nada más que la verdad.

Historia de Navidad

*"Que os ha nacido hoy, en la ciudad de David,
un Salvador, que es CRISTO el Señor".*
Lucas 2:11 rvr1960

....

¿No te encanta la historia de la Navidad? Un ángel le anuncia a María, una joven sencilla, que dará a luz al Hijo de Dios. José, el hombre con quien estaba comprometida en matrimonio, debe confiar en que el Señor sabe lo que está haciendo. Juntos emprenden un viaje hacia Belén, a lomos de un burro. Cuando llegan, María da a luz al niño Jesús, no en un hospital ni en una habitación de lujo de un hotel, sino en un humilde establo, junto a los caballos y las vacas. ¡Uau! ¡Vaya historia!

Esta es la parte más guay: los pastores y los sabios vinieron a adorar al nuevo niño. ¿Por qué adoraría la gente a un bebé? Porque sabían que este Niño era diferente, especial. ¡Jesús era el Hijo de Dios!

Así que aquí tienes una pregunta interesante: si el niño nacido en el establo era el Hijo de Dios, ¿por qué adorarlo solo en Navidad? ¿No deberíamos adorarlo durante todo el año? ¡Sí! ¡Deberíamos! Y lo hacemos cada vez que nos reunimos en la iglesia para cantar alabanzas. Puedes adorarlo allí donde estás. Sí, tú. Ahora. Jesús es digno de tu alabanza, no solo el 25 de diciembre, sino cada día de tu vida.

Padre, gracias por enviar a tu Hijo a esta tierra. ¡Jesús vivió una vida perfecta! ¡Soy tan feliz de saber que puedo adorarlo, no solo en Navidad, sino todo el año!

¿Engreída yo?

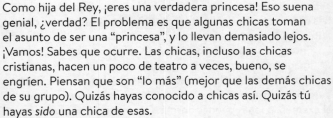

Como hija del Rey, ¡eres una verdadera princesa! Eso suena genial, ¿verdad? El problema es que algunas chicas toman el asunto de ser una "princesa", y lo llevan demasiado lejos. ¡Vamos! Sabes que ocurre. Las chicas, incluso las chicas cristianas, hacen un poco de teatro a veces, bueno, se engríen. Piensan que son "lo más" (mejor que las demás chicas de su grupo). Quizás hayas conocido a chicas así. Quizás tú hayas *sido* una chica de esas.

Si has tenido problemas por ser una engreída, ¡es hora de cambiar! Y es que la Biblia nos enseña a pensar mejor en los *demás* y no en *nosotros mismos*, justamente lo contrario de lo que piensa una niña engreída. ¡Es duro, pero es verdad! Si solo nos enfocamos en nosotras mismas (nuestra ropa, el pelo, la popularidad), no estamos pensando realmente en los demás, ¿verdad? *Nop.* Nos estamos "engriendo" en nosotras mismas.

El versículo de hoy nos muestra que no debemos hacer nada para nuestra vanagloria. Eso significa que no debemos presumir de nosotras mismas. No debemos ir por ahí pisoteando a los demás para que se nos vea mejor. (Oh, sé que es tentador). Debemos recordar que Dios quiere que pongamos a los demás primero. Cuando vivimos así, nos "engreímos" en Él, no en nosotras mismas.

Padre, no quiero "engreírme" en mí misma.
Lo que más importa es amar a los demás.
Ayúdame a hacerlo cada día, Señor.

¡NO TE PREOCUPES, SÉ FELIZ!

*Por lo tanto, no se angustien por el mañana, el cual tendrá
sus propios afanes. Cada día tiene ya sus problemas.*

MATEO 6:34 NVI

....

¿Has oído alguna vez la expresión "No seas aprensiva"? Si lo
has oído, es porque probablemente te inquietas por las cosas
antes siquiera de que ocurran. Temes lo peor.

Entonces ¿eres una aprensiva? Averigüémoslo.

Imagina que tienes un importante examen de matemáticas
pronto. Las matemáticas no son tu mejor asignatura. Estudias,
pero sigues preocupada por no hacerlo bien. La noche anterior
al examen, apenas puedes dormir. Das vueltas en la cama
durante horas, y te preocupas por cómo harás el examen. Qué
nota sacarás. Qué dirá tu profesor. Cómo reaccionarán tus
padres. Comienzas a imaginar todo tipo de cosas. "¿Aprobaré
matemáticas este año? ¿Suspenderé?".

Puedes preocuparte toda la noche, pero eso no mejorará las
cosas. De hecho, por lo general las empeorará. Dios nos dice en
Su Palabra que no debemos preocuparnos del mañana. Así que
deja que Dios se encargue de las cosas complicadas. Hazlo lo
mejor que puedas y descansa tranquila.

*Señor, no me gusta preocuparme. Eso quita todo lo divertido
de la vida. Pero a veces siento que no puedo hacer otra cosa
que inquietarme. Hoy te entrego todas mis preocupaciones,
Señor; gracias por tomarlas y darme tu paz a cambio.*

¿Belleza o Cerebro?

*Engañoso es el encanto y pasajera la belleza; la
mujer que teme al Señor es digna de alabanza.*
PROVERBIOS 31:30 NBD

....

Si pudieras elegir entre ser guapa o ser inteligente, ¿qué elegirías? Difícil elección, ¿verdad?

Esta es la verdad: todas las chicas quieren ser guapas. Quieren mirarse al espejo y ver una cara hermosa frente a ellas. El problema es que nos preocupamos demasiado sobre nuestro aspecto. Algún día envejeceremos. Nuestra cara se arrugará. Nuestro cuerpo se verá diferente. ¿Significa eso que no seremos guapas? ¡En absoluto! Dios nos creó a Su imagen, y Él piensa que toda mujer es preciosa, independientemente del aspecto que tenga por fuera.

Es necesario que empecemos a pensar más en nuestro aspecto interior. ¿Tenemos un corazón puro? ¿Actitudes amables? ¿Cosas bonitas que decir sobre los demás? Esas son las cosas que nos hacen hermosas. Después de todo, se necesita más inteligencia para ser dulce que para ser agria. Así que utiliza tu inteligencia. Y recuerda, Dios siempre piensa que eres hermosa, pase lo que pase.

*Señor, te ruego que me recuerdes la necesidad de preocuparme
más por mi aspecto interior que por el exterior. Para ti siempre
seré hermosa, Padre. Así que ayúdame a usar mi inteligencia
para recordar que mi belleza no es lo más importante.*

Una Fiesta en el Cielo

*Así os digo que hay gozo delante de los ángeles
de Dios por un pecador que se arrepiente.*
LUCAS 15:10 RVR1960

....

¿Alguna vez has estado en una fiesta realmente guay? Quizá
fuera una fiesta de cumpleaños de princesas. O tal vez una
de piratas de tu hermano. Puede que asistieras a una fabulosa
fiesta de aniversario de tus padres, en la que un grupo
interpretó una canción especial y ellos bailaron.

Las fiestas son geniales, ¿verdad? No hay nada más
divertido que celebrar con tus amigos y familia. ¿Sabías que la
Biblia dice que hay fiestas en el cielo? ¡Es cierto! A los ángeles
les encanta celebrar, y hacer una gran fiesta cada vez que
alguien aquí en la tierra acepta a Jesús como su Salvador.

Piensa en ello. Cuando le entregas tu corazón al Señor,
cuando aceptas en tu vida a Jesucristo como Señor y Salvador,
¡los ángeles lo celebran en el cielo! Hacen una gran fiesta más
importante que cualquiera a la que hayas estado. No sabremos
cómo es una fiesta de ángeles hasta que estemos en el cielo,
pero no cabe la menor duda: ¡esos ángeles ciertamente saben
cómo celebrar!

*Amado Señor, ¡no puedo esperar para ir a una fiesta de
ángeles! Es tan guay pensar que los ángeles celebraron
cuando te entregué mi corazón. ¡Qué divertido!*

Un mendigo llamado Lázaro

"Había un hombre rico que se vestía lujosamente y daba esplendidos banquetes todos los días. A la puerta de su casa se tendía un mendigo llamado Lázaro, que estaba cubierto de llagas y que hubiera querido llenarse el estómago con lo que caía de la mesa del rico. Hasta los perros se acercaban y le lamían las llagas".
LUCAS 16:19-21 NVI

....

Qué historia tan interesante la de Lázaro, el pobre mendigo. Nada le iba bien en su vida terrenal. Era pobre, estaba enfermo y muy hambriento. Famélico, en realidad. Lázaro mendigaba las migajas de la mesa de un hombre rico. Unas pocas sobras le habrían hecho feliz. Parecía que el hombre rico lo tenía todo. Poseía todo lo que un hombre podía desear.

Conforme prosigue la historia, nos enteramos de que ambos hombres mueren. Lázaro va al cielo. El hombre rico va al Hades, y está en agonía. El cielo y el Hades están separados por un gran abismo (piensa en una grieta grande y profunda). El hombre rico podía ver, por encima de la grieta el lugar donde Lázaro disfrutaba de su vida en el cielo, y el hombre rico suplicaba por una sola gota de agua para refrescar su lengua, pero el abismo era demasiado grande para que Lázaro llegara hasta él.

Esta es la cuestión: algunas personas parecen tenerlo todo en esta vida, pero al final lo único que importa es si han tenido una relación con Jesús. Sin ella, no irán al cielo. Así que ninguna de las riquezas de este mundo nos salvará.

Padre, estoy contenta de tener aquello que me llevará al cielo. Tengo una relación con tu Hijo, Jesús. Estoy agradecida de pasar la eternidad contigo.

Una actitud agradable

*Trabajen de buena gana en todo lo que hagan,
como si fuera para el Señor y no para la gente.*
COLOSENSES 3:23 NTV

....

¿Existe algo más dulce que una actitud alegre y agradable?
Toda chica se ve hermosa ante los demás cuando su actitud es
atenta y amable. Cuando te comportas de un modo pésimo,
esto indica que tu estado de ánimo es agrio, y ese agror se
vierte sobre los demás. Lo mismo sucede cuando tienes
una gran actitud. Las personas que están a tu alrededor se
alegran... ¡gracias a ti! ¡Uau! ¡Qué poder tienes! ¡Alegras a los
demás con tu agradable disposición!

Es verdad que no todos los días son geniales. Algunas veces
nos sentimos un poco gruñonas. No tenemos ganas de dar lo
mejor. Quizás sea hoy un día de esos para ti. Si es así, ¿por qué
no hacer un "examen de actitud"? Antes de salir por la puerta,
asegúrate de que tu actitud levantará a los demás, en lugar de
hundirlos. Y recuerda: todo lo que haces es en realidad para
Dios, y no para las personas. Recuérdalo, y eso te ayudará a
mantener las cosas enfocadas.

*Señor, no siempre tengo la mejor actitud. Lo admito. A veces
simplemente gruño. Recuérdame cada día que mi actitud
importa, y también que todo lo que hago, lo hago para ti.*

APRENDER DE LOS ERRORES PASADOS

*Pero me concentro únicamente en esto: olvido el pasado
y fijo la mirada en lo que tengo por delante, y así avanzo
hasta llegar al final de la carrera para recibir el premio
celestial al cual Dios nos llama por medio de Cristo Jesús.*
FILIPENSES 3:13-14 NTV

Si eres como la mayoría de las chicas, habrás cometido unos
cuántos errores en tu vida. Está bien, quizá más de unos
cuántos. ¿Te has dado cuenta de que, en realidad, puedes
aprender lecciones de tus errores? ¡Es cierto! Esas lecciones
te pueden ayudar a avanzar, y a hacerte más fuerte que antes.
De hecho, si aprendes bien la lección, puedes estar segura de
que no cometerás el mismo error de nuevo.

Algunas personas nunca aprenden la lección. No son
capaces de dejar pasar el ayer. Se aferran a los errores
cometidos. Cuando las personas actúan así, es como si sus
pies estuviesen estancados en arenas movedizas. No pueden
avanzar.

De modo que ¿cómo aprendes tu lección? Fácil. Pídele a
alguien que hayas herido que te perdone. Luego, pídele a Dios
que te perdone. A continuación, acepta Su perdón y avanza.
No mires atrás. Ya está. No vivas en el pasado. Lo que ocurrió
ayer queda atrás. No te preocupes más por ello. Una vez que
has pedido perdón, y Dios te ha perdonado, se acabó. Está
hecho. No hay más arenas movedizas para ti. En realidad, eres
libre para correr la carrera como nunca antes. Así que continúa
perseverando. Sigue moviéndote hacia adelante. ¡Chica, has
aprendido tu lección!

*Padre, gracias por enseñarme que puedo ser perdonada. No
tengo que vivir en el pasado. Mis errores ocurrieron. Están
terminados. He sido perdonada, y sigo perseverando.*

A LA CARA... A TUS ESPALDAS

Hermanos, no hablen mal unos de otros. Si alguien habla mal de su hermano, o lo juzga, habla mal de la ley y la juzga. Y si juzgas la ley, ya no eres cumplidor de la ley, sino su juez.

SANTIAGO 4:11 NBD

....

Imagina esto: estás pasando el rato con tu mejor amiga, Katie, cuando una nueva chica llamada Jenna pasa por allí. Katie hace un comentario sobre el pelo de Jenna o quizá sobre su ropa. Sabes que no deberías hablar mal de nadie, ni siquiera sobre alguien que no conoces, ¿pero en qué afecta hablar de ella a sus espaldas? Ella nunca se enterará, ¿verdad?

Debemos tratar a los demás con amabilidad, estemos delante de ellos o en una habitación completamente diferente. Debemos vigilar las palabras que salen de nuestra boca. Dios nos dice en la Biblia que debemos tratar a los demás así como nos gustaría ser tratados. (A esto se le llama la "Regla de Oro" o, como indica el versículo de arriba "la Ley").

Por tanto, ¿cómo quieres ser tratada? Más vale que tengas cuidado. Si resultas hiriente, (cotilleas, hablas mal o humillas a las personas), le estás diciendo a Dios que es así como quieres que te traten a *ti*. ¡Auch! Cuando lo piensas de este modo, seguro que no suena muy divertido, ¿verdad?

Está bien, Señor, debo confesar que a veces hablo de los demás a sus espaldas. No los trato como me gustaría que me tratasen a mí. Por favor, perdóname, y ayúdame a guardar mi lengua.

Una prueba de fe

*Hermanos en Cristo, ustedes deben sentirse muy felices
cuando pasen por toda clase de dificultades. Así, cuando
su confianza en Dios sea puesta a prueba, ustedes
aprenderán a soportar con más fuerza las dificultades.*
SANTIAGO 1:2-3 TLA

....

¿Cómo te sientes cuando tienes exámenes en la escuela?
No son muy divertidos, ¿verdad? Algunas de las pruebas
de nuestra vida tampoco lo son, pero seguro que podemos
aprender mucho de ellas.

¿Te preguntas que es una *prueba de la vida*? Aquí tienes un
sencillo modo de verlo: ¿Alguna vez has pasado un momento
realmente duro, en el que esperabas que algo bueno sucediera,
pero te preguntabas si alguna vez llegaría? La Biblia nos dice
que esos problemas que tenemos son una prueba de nuestra fe.
Son pruebas de la vida. Nos enseñan lecciones.

¡En ocasiones no superamos esas pruebas! Aún así, seríamos
sabias si en medio de ellas somos muy pacientes (ser pacientes
significa aquí esperar con calma a que ocurra algo. No te
alteres por ello). Esperar no siempre es fácil, ¡pero es posible!

Si quieres conocer a alguien que aprendió a ser paciente,
lee la historia de Job en el Antiguo Testamento. Experimentó
muchas pruebas vitales. Y tuvo que esperar mucho tiempo
para que ocurrieran cosas buenas.

¡Paciencia, chica! Aprende de Job... ¡y no dejes que esas
pruebas de vida se lleven lo mejor de ti!

*Señor, no me encanta experimentar pruebas, sobre
todo las pruebas de la vida. Pero sé que llegarán.
Solo te pido que me des paciencia para pasarlas,
y la esperanza para ver más allá de ellas.*

Princesa por un día

"El Espíritu mismo da testimonio a nuestro espíritu, de que somos hijos de Dios. Y si hijos, también herederos; herederos de Dios y coherederos con Cristo, si es que padecemos juntamente con él, para que juntamente con él seamos glorificados".
ROMANOS 8:16-17 RVR1960

....

¿Has deseado alguna vez poder ser una princesa, solo por un día? ¿Qué la gente te sirva día y noche? ¿Hacer lo que quieras? ¿Comer lo que se te antoja? ¿No tener preocupación alguna en el mundo? Suena genial, ¿no?

Aquí tienes un pequeño secreto: ¡eres una princesa! Eres hija del único Dios verdadero. ¡Eres Su hija! Y Él es el Rey del universo, lo que te convierte en una princesa real, no solo hoy, sino cada día del año.

Por tanto, ¿qué significa ser una princesa? ¿Llevas un vestido de gala, y saludas a tus súbditos reales con la mano? ¿Esperas que la gente te atienda, y conozca todas tus necesidades? ¡Nop! Una hija del Rey sabe que el mayor gozo en la tierra es servir a los demás. Así que, en lugar de esperar que la gente te atienda, disfruta preocupándote por los demás.

Señor, debo admitirlo: suena muy divertido vivir en un castillo, ser una princesa, y todo eso de ser atendida... bueno, imagino que puedo entender que es mucho más divertido preocuparse por los demás. Ayúdame a tener ese corazón de sierva, Padre.

R-E-S-P-E-T-O

Amados hermanos, honren a sus líderes en la obra del Señor. Ellos trabajan arduamente entre ustedes y les dan orientación espiritual.
1 Tesalonicenses 5:12 ntv

....

¿Alguna vez has pensado en la palabra *respeto*? ¿Sabes qué significa respetar a tus ancianos (a los que son mayores que tú)? Piensa en los adultos que conoces... tus padres, tus abuelos, y los líderes de la iglesia. ¿Te has dado cuenta de que Dios los ha puesto en tu vida por una razón? Y Él observa muy de cerca, para asegurarse de que los tratas con el respeto que merecen.

Imagina esto: un líder de tu iglesia (quizá el maestro de la escuela dominical o el pastor de la iglesia de niños) no está recibiendo mucho respeto de los chicos de la clase. Quizás algunos de tus amigos están hablando cuando deberían escuchar, o tal vez interrumpen cuando el maestro habla. ¿Qué puedes hacer para ayudar? Por lo pronto, lo mejor que puedes hacer es tratar al maestro con respeto. Luego, anima a los demás a hacer lo mismo. No seas parte del problema, sino sé parte de la solución. El maestro estará muy agradecido, y muy pronto muchos de los chicos te seguirán.

Por tanto, ¿por qué tratar a tus líderes con respeto? ¡Porque es lo correcto!

Señor, te pido un corazón respetuoso. Haz que pueda tratar siempre a los adultos de mi vida con el respeto que merecen.

¡Confiesa!

Si confesamos nuestros pecados, él es fiel y justo para perdonar nuestros pecados y limpiarnos de toda maldad.
1 Juan 1:9 rvc

....

¿Has oído alguna vez decir a alguien: "la confesión es buena para el alma"? Quizás lo hayas escuchado, pero no sabes lo que significa. Confesar algo significa que lo admites ante alguien. Lo dices en voz alta delante de otra persona. En otras palabras, dices lo que has hecho, aunque sea verdaderamente difícil hacerlo.

¿Necesitas un ejemplo? Imagina que has hecho algo malo. Realmente malo. Quizás vayas a hurtadillas a la habitación de tu madre, y "tomas prestados" sus pendientes favoritos, y luego los pierdes. No se lo has contado a nadie... no te atreverías. Si la gente lo supiera, cambiaría su opinión sobre ti. Además, está bien guardar algunos secretos, ¿verdad?

Sencillamente, te equivocas. No está bien guardar este tipo de secreto. Según el versículo de hoy, es mejor sacarlo de dentro. Cuéntaselo a alguien que te ama. Cuéntale toda la fea historia, incluso las partes más duras de compartir. Puede que le impacte, pero está bien. Dios te ayudará a hacer tu confesión. Luego, pídele que ore para que la próxima vez que seas tentada puedas ser más fuerte.

¡Ya está! ¿No te sientes mejor? ¿Sientes que te has quitado un peso? ¡Es bueno para tu salud confesar tus pecados! Y tu familia y amigos te respetarán por ser tan abierta y honesta.

Oh Señor, es tan difícil confesar las cosas malas que he hecho. Preferiría guardármelas, pero sé que puedes ayudarme cuando me abro y comparto. Necesito Tu ayuda y valor, Padre.

OVEJA PERDIDA

¿Qué les parece? Si un hombre tiene cien ovejas y se le
extravía una de ellas, ¿no dejará las noventa y nueve
en las colinas para ir en busca de la extraviada?

MATEO 18:12 NVI

....

Existe una historia genial en el Nuevo Testamento, acerca de
un pastor que tenía cien ovejas. Le encanta mirarlas a todas,
pero seamos sinceras, ¡las ovejas son difíciles de controlar!
¡Quieren ir a la suya!

En la historia, noventa y nueve de las ovejas se mantienen
juntas, pero una pequeña se aleja de las demás, y se pierde.
¡Caramba! ¿Qué harías si tú fueras el pastor? ¿Dejarías a las
noventa y nueve, e irías a buscar a la que se ha perdido, o
dejarías a la pequeña ovejita que intentara buscar el camino de
vuelta sola? Después de todo, si dejas a las noventa y nueve,
una de ellas podría alejarse.

Si continúas leyendo la historia, ves que el pastor deja a las
noventa y nueve y va a buscar a la que está perdida. ¡Uau! ¿Te
diste cuenta de que esta historia habla de algo más que de las
ovejas? Dios está intentando decirnos que nos ama tanto que,
si nos alejamos de Él, vendrá y nos buscará para protegernos.
Así que, la próxima vez que estés tentada a hacer algo que
sabes que no deberías hacer, recuerda... Dios quiere que nos
mantengamos unida a las demás ovejas (a los demás cristianos),
y no alejarte hacia el pecado. ¡No hagas que tenga que venir a
buscarte! Mantente a Su lado, y deja que el Pastor te cuide.

Padre, te ruego que me perdones por las veces que
me he alejado. A veces estoy tentada a hacer cosas
que no debería. Ayúdame a recordar la historia de la
oveja y el pastor. Quiero estar cerca de Ti, Señor.

TAREAS

*Todo esfuerzo tiene su recompensa, pero quedarse
solo en palabras lleva a la pobreza.*
PROVERBIOS 14:23 NVI

....

Hay algo en la palabra *tarea* que te provoca escalofríos.
Cuando escuchas esa palabra, *tarea*, es probable que piensas
en trabajo, trabajo y trabajo. Pero piensa en cuánto trabajo
tendrías que hacer si no hicieras tus tareas.

Aquí tienes un ejemplo: digamos que no recogiste tu
ropa del suelo durante un par de días. Bien, haz eso durante
cinco días. Quizá incluso seis días. Después de un tiempo, te
quedarías sin ropa limpia. No te quedaría nada que ponerte.
¡Una chica puede llevar la misma ropa sucia varios días seguidos
solo hasta que empieza a oler! Asqueroso, ¿verdad?

Pero si recoges la ropa sucia y la pones en la cesta de la
colada, se puede lavar. Ciertamente, es una tarea de la que
debes ocuparte cada día, pero merece la pena. Después de
todo, es mejor que quedarse sin ropa limpia y tener que llevar la
ropa apestosa.

¿Comienza a tener sentido ahora? Las tareas nos mantienen
disciplinadas, y también ¡alejan el desastre de amontonar y
crear mal olor!

*Señor, realmente no me gusta hacer mis tareas. Hacer mi
cama no es divertido. Ni recoger mis juguetes, mi ropa y
zapatos. Pero estoy aprendiendo que las tareas son muy
buenas para mí, Padre. Ayúdame a recordarlo cada día.*

Dinero

Pues el amor al dinero es la raíz de toda clase de mal; y algunas personas, en su intenso deseo por el dinero, se han desviado de la fe verdadera y se han causado muchas heridas dolorosas.

1 Timoteo 6:10 NVI

••••••••••••••••••••••••••••••••

¿Alguna vez has oído a la gente decir que el dinero es malo? El dinero, en sí, no es malo en absoluto. De hecho, podemos usar el dinero para alimentar a los pobres, poner ropa para los niños que lo necesitan, comprar zapatos para los que no tienen. Podemos usar el dinero para viajar a otros países y hablarles a los demás de Jesús.

No, el dinero no es malo. Pero el amor al dinero sí.

¿Pero qué significa amar el dinero? ¿Significa llevar billetes de dólar en tu bolsillo y sacarlos cubriéndolos a besos? No, en absoluto. "Amar el dinero" significa preocuparte más por las cosas que el dinero puede comprar que por las necesidades de los demás.

Una cosa es tener dinero, y otra, amarlo. Así que si tienes luchas, porque lo amas demasiado (¡vamos, todas pasamos por ello!), es necesario que le pidas a Dios que te perdone. Él puede cambiar tu enfoque de amar las cosas por amar a las personas y preocuparte lo suficiente de poner sus necesidades sobre las tuyas propias.

Amado Señor, debo confesar que me encanta tener dinero y gastarlo en mí. Me gusta comprarme regalos especiales. Si alguna vez empiezo a amar demasiado las cosas que el dinero puede comprar, ¡te ruego, Padre, que me detengas!.

Un regalo encantador

El hijo sabio alegra a su padre; el hijo
necio menosprecia a su madre.

PROVERBIOS 15:20 NVI

....

¿Alguna vez has tenido problemas al pensar cuál sería el regalo perfecto para alguien a quien amas? ¿Estás buscando algo para regalar a tu madre o a tu padre por Navidad? ¿Algo que seguro los hará muy, muy feliz? Prueba con la sabiduría. ¡Es el regalo perfecto!

No, no tienes que darles sabiduría. Necesitas obtenerla para ti. Cuanto más sabia seas, más felices serán tus padres. ¡Estarán entusiasmados de verte madurar!

Por tanto, ¿qué significa actuar sabiamente? Significa tomar decisiones excelentes. Tratar a tus hermanos y hermanas de la forma que te gustaría ser tratada. Aunque pueda ser duro, significa no insistir en hacer las cosas a tu modo. Es hacer las cosas que te piden (sin tener que decirlas dos veces). También significa ofrecer ayuda cuando tus padres están cansados. Todas estas son cosas que demuestran que eres muy, muy sabia.

¿Te preguntas de dónde procede la sabiduría? De tu Padre celestial, por supuesto. Todo cuanto tienes que hacer es pedir, y Él te dará sabiduría. Entonces ora. Pide Su opinión con respecto a todo absolutamente. Esto es, con diferencia, lo mejor que puedes hacer.

Padre, gracias por mostrarme cómo ser sensata.
Quiero compartir el regalo de la sabiduría, y
hacer a mis padres muy, muy felices.

TIRAR LAS MÁSCARAS

"No hay nada encubierto que no llegue a revelarse,
ni nada escondido que no llegue a conocerse".
LUCAS 12:2 NVI

¿Alguna vez has fingido ser alguien que no eres? Quizás te has visto actuar como los demás en lugar de ser tú misma. A esto se le llama "ponerse una máscara". Oh, no es una máscara real, como la que podrías ponerte para ir a una fiesta. Es una invisible. Nadie sabe que la llevas puesta, excepto tú.

Bueno, ¿por qué nos ponemos máscaras? ¿Por qué es tan difícil ser, simplemente, nosotras mismas? A veces lo hacemos para cubrir el dolor. Fingimos estar contentas, cuando en realidad no lo estamos. A veces lo hacemos para ser aceptadas. Actuamos como nuestras amigas para gustarles. La verdad es que nunca existe una buena razón para ponerse una máscara. Dios quiere que seas tú. Nadie más.

A veces, la mejor máscara que puedas ponerte es tu propia cara, con emociones reales y sinceras, sin taparla, sin fingir. Simplemente sinceridad.

Estoy cansada de fingir ser alguien que no soy, Señor.
Ayúdame a aceptar que está bien ser simplemente yo.
No más máscaras, Padre. Las tiro todas a la basura.

Fabricantes de limonada

De hecho, todo lo que se escribió en el pasado se escribió para enseñarnos, a fin de que, alentados por las Escrituras, perseveremos en mantener nuestra esperanza.

ROMANOS 15:4 NVI

....

¿Has oído alguna vez la antigua expresión de convertir los limones en limonada? Cuando la vida te da algo amargo (cuando las cosas no salen como querrías), puedes llorar, o puedes convertir los limones amargos en limonada (algo dulce).

¿Cómo conviertes las cosas amargas en dulces? ¡Fácil! ¡Todo es cuestión de actitud, chica! Cambia tu actitud por una dulce, y observa la situación: hasta la más amarga de todas da un giro.

Algunas personas no hacen muy buen trabajo al gestionar los días malos. Sucumben ante la presión y se vuelven gruñones y cascarrabias. ¡Pero tú no! ¡Nop! Tú puedes convertir los limones en limonada. De hecho, ¡has aprendido a amar la limonada!

Señor, gracias por mostrarme cómo cambiar mi pésima actitud a veces. No quiero ser una vieja cascarrabias, Padre. ¡Ayúdame a cambiar los días amargos, añadiendo una cucharadita de azúcar!

¡ESCUCHA, nena!

Hijo mío, escucha las correcciones de tu padre y no abandones las enseñanzas de tu madre. Adornarán tu cabeza como una diadema; adornarán tu cuello como un collar.

PROVERBIOS 1:8-9 NVI

....

¿Ha ocurrido esto alguna vez? Estás centrada en un programa de televisión o un videojuego, y tu madre está tratando de hablar contigo. La escuchas. Más o menos. Pero en realidad no estás prestando atención. ¿Por qué? Porque tu mente está en otras cosas. Estás distraída.

Escuchar de verdad significa prestar una atención real a lo que te están diciendo. No estás planeando tu próxima fiesta de pijama ni pensando con quién vas a ir al centro comercial. No estás jugando al videojuego ni enviando un mensaje de texto a alguien. Cuando estás escuchando de verdad, oyes todo lo que la otra persona dice. Cada una de las palabras. Le estás prestando tu total y completa atención, y lo haces porque lo que te dice es importante para ti. Te preocupas.

¡Tienes tanto que aprender de los adultos en tu vida! Cuando tus padres te piden tu atención, normalmente es porque están intentando enseñarte algo. La mejor forma en la que puedes mostrarles lo que has aprendido es hacer lo que te dicen. En otras palabras, escuchar significa obedecer. Así que ¡escucha!

Señor, confieso que no siempre escucho lo que me dicen otras personas. Estoy ocupada pensando en otras cosas. Por favor, ayúdame a escuchar Padre.

Permanecer Fuerte

Dalila le dijo a Sansón: "Dime el secreto de tu tremenda fuerza, y cómo se te puede atar y dominar".

JUECES 16:6 NVI

....

¿Has leído alguna vez la historia bíblica de un hombre realmente fuerte llamado Sansón? Su pelo era superlargo, porque había hecho voto de no cortárselo nunca. Y no solo eso, sino que Sansón sabía que si se cortaba el cabello perdería su fuerza. (Interesante, ¿verdad?)

Los enemigos de Sansón conocían sus músculos, pero no conocían su fuente. Querían derrotarlo, y enviaron a una mujer malvada llamada Dalila para tentarlo, fingiendo estar enamorada de él. Siguió molestándolo, porque quería que le confesara qué lo hacía tan fuerte. Finalmente le contó su secreto. Más tarde, esperó hasta que se quedó dormido y entonces le cortó el pelo. ¡Caramba! ¡Vaya una amiga! Cuando se despertó, el ahora sin pelo y débil Sansón, fue capturado por sus enemigos.

¿Qué tiene esto que ver con nosotras? ¿Debemos dejarnos el pelo largo para ser fuertes? No exactamente. Este es el tema: Dios nos ha dicho que estemos al acecho de las personas que quieren debilitarnos. No deberíamos estar alrededor de la gente que pueda hundirnos o hacernos frágiles en nuestra fe. En lugar de eso, necesitamos permanecer fuertes.

Al final, Sansón ganó su batalla. Recobró su fuerza y derrotó a sus enemigos. Pero vaya lección que tuvo que aprender durante el camino.

Señor, no quiero caer en la tentación. Quiero permanecer fuerte en ti. Por favor, recuérdame no estar alrededor de las personas que me puedan hundir.

PURA RISA

"Llenará de nuevo tu boca de risas, tus labios gritarán jubilosos".
JOB 8:21 BLP

....

Hay muchos regalos que puedes compartir con los demás, pero es probable que uno de los mejores sea la risa. Oh, ¿no sabías que podías compartir la risa? ¡Sí puedes! Cuando te ríes con una amiga, o con un miembro de tu familia, estás compartiendo algo mucho más profundo que un buen chiste o una reacción divertida ante una situación. Estás compartiendo un vínculo especial. La risa, una buena medicina para tu corazón, mente, espíritu y alma, te conecta con los demás de una forma profunda y positiva. Tu risa borbotea y borbotea, y una vez sale, ¡es contagiosa! ¡Pronto, todo el que está a tu alrededor está riendo!

Aquí tienes algo importante de recordar: es divertido reírse *con* alguien, pero nunca está bien reírse *de* alguien. Burlarse de alguien es mezquino, y no es algo que le guste a Dios. Así que asegúrate de que tu risa proviene de un corazón puro. ¡Cuando Dios oye tus risas, se pone muy contento!

Señor, me encanta reír. Es más divertido cuando me río con una amiga. Te ruego que me ayudes a recordar que es genial reírse con los demás, pero nunca debería reírme de ellos.

Por tu propio bien

*Porque el Señor disciplina a los que ama, como
corrige un padre a su hijo querido.*
PROVERBIOS 3:12 NVI

....

"Lo hago por tu propio bien". ¿Cuántas veces has oído estas
palabras de tus padres, abuelos o maestros? Normalmente
preceden a otras palabras que no te gusta oír: "No, no puedes
pasar la noche con tu amiga", o "¡Debes limpiar ese desastroso
cuarto!". Y casi cada vez añaden: "Lo hago por tu propio bien".

Cuando oyes estas palabras, sabes que tus padres te están
disciplinando. En otras palabras, están tomándose el tiempo
de corregir tu comportamiento. Quizás debías limpiar tu
habitación hacía días, pero no lo hiciste. Ahora es momento
de pagar las consecuencias. No puedes pasar la noche con tu
mejor amiga, y debes quedarte en tu habitación todo el día, y
hacer aquello a lo que te negaste antes. O quizá fuiste grosera
(o mala) con tu hermano pequeño, y ahora debes hacer tareas
extra (doblar la ropa o fregar los platos).

Si tus padres no te amaran, no te disciplinarían.
Probablemente es difícil de entender, pero es cierto. Si no te
pusieran límites, no sabrías la diferencia entre lo que está bien
y lo que está mal. Y, lo creas o no, cuando tus padres dicen "Lo
hago por tu propio bien", es realmente cierto.

*Señor, no siempre creo que la disciplina es por mi propio bien.
Necesito tu ayuda para saber en el momento que lo que me
está ocurriendo es realmente lo mejor de ti para mi vida.*

¡LIMPIA ESE DESASTRE!

Y, si llamáis Padre al que juzga a todos sin favoritismos y según su conducta, comportaos fielmente mientras vivís en tierra extraña.
1 PEDRO 1:17 BLP

....

Si eres una chica normal, es probable que estés harta de oír las palabras como: "¡Limpia ese desastre!", ¿verdad? A la mayoría de nosotras no nos gusta que nos digan que somos un desastre. De todas formas, ¿a quién le importa? ¿Por qué es tan relevante que dejes tus camisetas arrugadas amontonadas en la esquina o que te olvides de hacer la cama? A lo mejor le es indiferente a tu madre o a tu padre.

Bueno, ¡escucha! Una cosa es dejar tu ropa por el suelo y otra ser descuidada en tu vida espiritual, que olvides orar o te saltes el tiempo de tu lectura bíblica. A veces estamos ocupadas y, sencillamente, nos olvidamos. ¿Verdad?

Eres una hija del Rey, y tu Padre celestial (igual que tus padres terrenales) quiere que aprendas a ser responsable. Eso significa que vivir descuidadamente, en lo físico o en lo espiritual, ¡no está bien! ¡Cuida tus actos, princesa! La próxima vez que te tropieces con un par de calcetines sucios por el suelo, que te sirva de recordatorio para orar. Y la próxima vez que observes esa desastrosa habitación, recuerda que Dios se tomó el tiempo de limpiar tu desastre, tu pecado, cuando envió a Su Hijo Jesús a morir en la cruz.

Dios, no quiero ser un desastre en mi vida física o espiritual. Si existen desastres que necesito limpiar, Señor, muéstramelos y ayúdame a arreglarlos.

DERROTAR A LOS ENEMIGOS

*Manténganse libres del amor al dinero, y conténtense
con lo que tienen, porque Dios ha dicho: "Nunca
te dejaré; jamás te abandonaré".*
HEBREOS 13:5 NVI

....

¿Has leído alguna vez en la Biblia la historia de un hombre
llamado Gedeón? Su nombre significa "Destructor" o
"Poderoso Guerrero". Dios le pidió a Gedeón que hiciera algo
difícil: decirle al pueblo que era necesario que dejaran de
adorar ídolos. (Un ídolo es cualquier cosa que para ti sea más
importante que Dios). Gedeón era muy valiente, e hizo lo que
Dios le pidió... y ganó la batalla contra el mal.

¿Qué tiene esto que ver con nosotras? Dios también
quiere que hagamos frente a los "ídolos" de nuestro mundo.
"¿Qué tipo de ídolos?", puedes preguntarte. Cualquier cosa
que la gente adore podría ser un ídolo: la ropa, el dinero, la
popularidad, los zapatos, el talento, cualquier cosa de estas.
Cuando deseamos algo más de lo que deseamos a Dios,
estamos "idolatrando" a esa cosa.

¿Qué haces, pues, si estás rodeado de personas que se
preocupan más por sus posesiones que por Dios? ¿Hablas con
firmeza como hizo Gedeón, o guardas silencio? Quizás Dios
te está llamando a ser una "Poderosa Guerrera", cuando estés
entre tus amigas. No te dejes llevar por la corriente, y anheles
las "cosas" que ellas quieren, o las que ya tienen. En lugar de
eso, ¡adora al único Dios verdadero, y observa cómo al final te
da la victoria final!

*Padre, quiero ser como Gedeón, pero eso significa que debo
ser valiente. No quiero ir con la corriente ni "idolatrar"
cosas. ¡El Único al que quiero adorar eres tú, Señor!*

Las murallas se derrumbaron

Por la fe cayeron las murallas de Jericó, después de haber marchado el pueblo siete días a su alrededor.
HEBREOS 11:30 NVI

. . . .

¿Alguna vez te has enfrentado a un obstáculo, uno tan grande que no podías ver del otro lado? ¿No podías superarlo? Quizás tengas problemas de aprendizaje. No importa lo duro que trabajes, sigues teniendo problemas para sacar buenas notas. O quizás no pareces capaz de apañártelas con la clase de ciencias. O los números en matemáticas simplemente no suman. No te desanimes. Elige creer que Dios es mayor que *cualquier cosa* a la que te enfrentes. No pongas ninguna limitación sobre Él ni sobre ti.

Hay una historia muy guay en la Biblia, sobre unas murallas enormes que rodeaban a una ciudad llamada Jericó. El pueblo de Dios marchó alrededor de las murallas durante siete días, ¡y adivina lo que sucedió! ¡Las murallas se derrumbaron!

¿Qué pasaría si oráramos para que las murallas de nuestras vidas se derrumbaran? ¿Si miráramos más allá de nuestras limitaciones, y nos viéramos del mismo modo que nos ve Dios? ¿Si nos negáramos a abandonar cuando las cosas van mal? ¿Si oráramos con fe?

La próxima vez que pases por un momento realmente duro, recuerda que ¡Dios es un Dios de imposibles! Elige creer, incluso cuando te enfrentes a un gran obstáculo, y observa cómo se derrumban las murallas.

Dios, hay algunas murallas grandes en mi vida. Necesito derrumbarlas. ¡Dame la fe para hablarles a esas murallas y que se desmoronen en el suelo!

MI LUGAR SECRETO

Él, por su parte, solía retirarse a lugares solitarios para orar.
LUCAS 5:16 NVI

•••••••••••••••••••••••••••••••

Imagina que estás en una fiesta muy divertida de vuelta a la escuela, y hay mucha gente allí. Ves a una vieja amiga, alguien con la que apenas has hablado. Ha estado fuera todo el verano, y tienen mucho de lo que ponerse al día, así que salen fuera, lejos del ruido y la confusión, para poder pasar un rato juntas. ¿No es maravilloso dar un paseo, solo ustedes dos? Juntas y solas, intercambian historias del divertido verano que han pasado. ¡Qué gozo!

Ocurre lo mismo en tu relación con Dios. Anhela pasar tiempo contigo. ¡La vida puede ser muy ruidosa y alocada, ya sea que estés con tus amigas, tu familia o con la gente de tu iglesia! Aunque es muy emocionante pasar el rato con mucha gente, y tener un gran tiempo, también es maravilloso escaparse a ese lugar secreto para pasar un rato tranquila con tu Padre celestial. Los dos a solas, Él no solo quiere que le hables, sino que lo escuches. Es más fácil oír Su voz cuando estás callada y tranquila. Por eso es tan importante alejarse de la multitud.

Al ir a ese lugar secreto, permites que Dios sepa que tú, Su princesa, lo adoras, y que deseas de verdad pasar tiempo con Él. ¡Así que aléjate hoy de la multitud, y hazlo!

Me encanta pasar momentos de tranquilidad contigo,
Señor, alejada de la multitud. ¡Tengo mucho que
contarte, y tú tienes tanto que decirme también!

Alguien que escuche

Hijo mío, presta atención a mis palabras; Inclina tu oído para escuchar mis razones.

PROVERBIOS 4:20 RVC

....

A veces, solo necesitamos que una amiga, o alguien que nos quiera, se siente a nuestro lado mientras abrimos nuestro corazón. ¿No te sientes genial cuando tienes a alguien que te escucha de verdad? El problema es que, por lo general, los demás están tan ocupados hablando que no se detienen a oír realmente lo que les estamos diciendo. Mientras hablamos, ya están pensando en lo que van a decir.

Detente un minuto, y piensa en tus amigas y familiares. ¿Quiénes son las mejores oidoras del grupo? ¿Quiénes son las que no interrumpen, las que se preocupan de verdad por lo que estás pasando? Esas son las personas en las que puedes confiar cuando necesitas a alguien con quien hablar. No temas darles un toque en el hombro y decirles: "Eh, ¿tienes unos minutos? Necesito que alguien me escuche".

Encontrar a una buena oidora es genial, pero serlo es aún mejor. La próxima vez que una amiga necesite que la escuches, estate preparada solo para eso... escuchar.

Amado Señor, gracias por mis amigas que desean escucharme cuando necesito hablar. Y gracias por enseñarme cómo escuchar cuando ellas me necesitan.

¡Entretenme!

Tendré cuidado de llevar una vida intachable, ¿cuándo vendrás a ayudarme? Viviré con integridad en mi propio hogar. Me negaré a mirar cualquier cosa vil o vulgar.

SALMOS 101:2-3 NTV

· ·

Pasarlo bien con las amigas es genial, por supuesto, pero algunas chicas lo llevan d-e-m-a-s-i-a-d-o lejos. Lo único que quieren hacer es jugar. Hacer sus tareas, limpiar la casa, hacer su cama, pasar tiempo con la familia... nada de eso les parece divertido. Ir al cine, escuchar música, ver los programas de televisión, jugar al videojuego, pasar innumerables horas en Internet... ¡estas son las cosas que les encanta!

Oh, y las fiestas de piscina, las fiestas de pijama, los bolos, patinar... ¡Son la bomba! Cualquier cosa; a estas chicas les encanta, les encanta, les encanta estar entretenidas las veinticuatro horas. Después de todo, la vida es una fiesta, ¿verdad? No hay tiempo para las cosas serias.

Entonces, ¿qué tiene de malo estar todo el tiempo entretenidas? ¡No es una forma saludable de vida! Cuando desperdicias tantas horas en cosas que, en realidad, no importan, regalas un tiempo precioso que podría usarse mejor. No está mal relajarse y divertirse, pero si dedicas horas y horas a ello, deberías reconsiderarlo.

Padre, lo admito... me gusta estar entretenida. Los juegos y los programas de televisión son divertidos. Ir al cine también lo es. Te ruego que me ayudes a recordar que hay muchas más cosas importantes que necesito hacer con mi tiempo, Señor.

Hazlo de todas formas

¡Todo lo puedo en Cristo que me fortalece!
FILIPENSES 4:13 RVC

Habrá muchas ocasiones en las que te pedirán hacer algo que tú no crees ser capaz de hacer. Quizá debes correr una carrera, pero no estás segura de poder llegar hasta la línea de meta. Así que cuelgas tus zapatillas de deporte. O quizá debes escribir un informe para el colegio, pero cada vez que contemplas el papel vacío, tu mente se queda en blanco. Estás convencida de que no puedes hacerlo, así que ¿para qué intentarlo?

Aquí tienes una idea divertida: ¡hazlo de todas formas! En serio. En vez de decir: "¡No puedo!", practica decir: "Voy a intentarlo de todas formas, ¡salga como salga!". ¿Quién sabe? Podrías ser la corredora más rápida de la ciudad. Quizá termines siendo escritora cuando seas mayor. ¡Nunca se sabe!

Piensa en toda esa gente que ha hecho cosas impresionantes para Dios. Los misioneros, los pastores, los cantantes. ¿Qué hubiera pasado si todos ellos hubieran dicho: "¡No puedo hacerlo!". Gracias a Dios que no abandonaron. Así que tú tampoco desistas. Recuerda que todo lo puedes en Cristo. Él es quien te da la fuerza. Así que, ¿qué esperas, niña? ¡Lo tienes!

Señor, gracias por recordarme que todo lo puedo en Cristo. Te ruego que me fortalezcas y que me des la actitud de "hacerlo de todos modos".

Glamur

*Pero el Señor le dijo a Samuel: "No juzgues por su apariencia
o por su estatura, porque yo lo he rechazado. El Señor no
ve las cosas de la manera en que tú las ves. La gente juzga
por las apariencias, pero el Señor mira el corazón".*
1 Samuel 16:7 ntv

....

¿Qué te viene a la mente cuando piensas en la palabra *glamur*?
¿Modelos de alta costura? ¿Estrellas de cine? ¿El trabajo
fantástico de maquillaje de una chica? ¿La última moda de
Paris? La palabra *glamuroso* se refiere a la gente emocionante
y hermosa de contemplar. Poseen cosas caras.

Puede ser divertido hojear las revistas llenas de fotos de
personas glamurosas, y soñar despiertas cómo sería ser una de
ellas. Pero en el mundo real, debemos estar alerta. Verse bien
por fuera no es lo que le importa a Dios.

Muchas quieren pasar tiempo con las "personas guapas".
Afrontémoslo. Las chicas quieren salir con otras chicas
populares y guapas, ¿verdad? A Dios no le importa cómo
se nos vea por fuera. A Él le interesa lo interior, un corazón
hermoso.

¿Quieres ser realmente atractiva para los demás, tener un
hermoso corazón? Existe un modo sencillo de hacerlo: ama a
los demás. Ámalos independientemente de su aspecto. Ámalos
de forma incondicional. (Eso significa amarlos, ya sean buenos
o malos, tengan o no tengan razón).

El amor incondicional es muy glamuroso.

*¡Padre, quiero aprender a amar a las personas de
forma incondicional! Ayúdame a no juzgar a los demás,
basándome en su aspecto. ¡Eso no es importante
para ti, y a mí tampoco debería importarme!*

Un gran libro

Y en el séptimo día completó Dios la obra que había hecho,
y reposó en el día séptimo de toda la obra que había hecho.
Y bendijo Dios el séptimo día y lo santificó, porque en él
reposó de toda la obra que Él había creado y hecho.
GÉNESIS 2:2-3 LBLA

....

¿No te encantan esos días acogedores en los que tienes tiempo de ponerte cómoda, con un buen libro? Es maravilloso transportarse por una buena historia, ¿verdad? Un buen libro es más que un escape. Es un lugar para soñar, esperar, y ver nuevas posibilidades.

Si estás buscando el mejor libro para leer, aquí tienes una sugerencia: ¡la Biblia! Está absolutamente repleta de historias de personas que hicieron cosas impresionantes: caminar por el agua, alimentar a cinco mil personas con cinco panes y dos peces, sanar enfermos, levantar a los muertos... Todo esto y mucho más. ¡Uau! ¿Y lo mejor de todo? ¡Estas historias son reales! No son inventadas. Les ocurrieron de verdad a hombres y mujeres corrientes que siguieron a Jesús, y aprendieron de Él.

¿No estás contenta de que Dios hablara a los corazones de Su pueblo, y que escribieran estas historias tan geniales para que las pudiésemos leer? Quizás un día el Señor hablará también a tu corazón para que escribas los milagros que han ocurrido en tu vida. ¡Entonces podrás transmitir esas historias a tus hijos, a los hijos de estos, y a los hijos de sus hijos!

Amado Señor, estoy tan contenta de poder leer mi
Biblia, y descubrir historias verdaderas de milagros.
¡También estoy emocionada de que aún hoy hagas
milagros! ¡Quiero anotarlos para no olvidarlos nunca!

Ha-ha-hacedora

Sólo Dios me da tranquilidad, sólo él puede salvarme;
sólo él me da su protección, ¡jamás seré derrotado!
SALMOS 26:1-2 TLA

....

¿Has conocido alguna vez a alguien a quien le encantara trabajar? Estaría trabajando las veinticuatro horas si pudiera, y teniendo muchos logros. Quizá tú eres una ha-ha-hacedora. Te esfuerzas en todo. La escuela, los deportes, las actividades familiares, las manualidades. ¡Las ha-ha-hacedoras están ocupadas-ocupadas-ocupadas!

Solo existe un problema con ha-ha-hacer tanto. No te queda mucho tiempo para descansar u orar. Quizás piensas que no necesitas mucho descanso. Tal vez creas que con una oración rápida por aquí o por allá, es suficiente. La verdad es que necesitas ambas cosas. Descansar es tan importante para Dios que realmente creó un día entero (el *sabbat*) para ello. Pero descansar consiste en algo más que poner los pies en alto, y tomarte un poco de tiempo fuera del trabajo. Se trata de confiar en Dios. De creer que Él puede salvarte. Cuando "descansas" de verdad en Él, puedes decir: "Sé que tú tienes el control, Señor", y decirlo de corazón.

La próxima vez que quieras seguir, seguir y seguir, pídele al Señor que te muestre cuándo es suficiente. Quizás Él hable a tu corazón y diga: "¡Desacelera, chica! Tienes todo el tiempo para ha-ha-hacerlo más tarde. Ahora mismo solo quiero que pases tiempo conmigo".

Padre, gracias por recordarme que es bueno que
mi cuerpo, mi corazón y mi mente descansen. Sé
que puedo confiar en Ti, y esto me trae paz.

Una buena noche de descanso

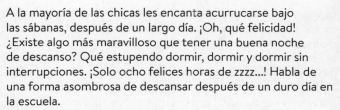

Cuando te acuestes no tendrás miedo y,
acostado, tendrás dulces sueños.
PROVERBIOS 3:24 BLP

....

A la mayoría de las chicas les encanta acurrucarse bajo
las sábanas, después de un largo día. ¡Oh, qué felicidad!
¿Existe algo más maravilloso que tener una buena noche
de descanso? Qué estupendo dormir, dormir y dormir sin
interrupciones. ¡Solo ocho felices horas de zzzz...! Habla de
una forma asombrosa de descansar después de un duro día en
la escuela.

¿Sabías que la Biblia está llena de versículos sobre el
descanso? Es cierto. Dios dice que quiere que tu sueño sea
dulce. ¿Acaso no suena increíble? Tener *dulces sueños* significa
no acostarse con preocupaciones. Tampoco te vayas a la cama
furiosa con alguien ni sintiéndote molesta por nada. Estás feliz
y satisfecha.

Quizás tengas hoy muchas cosas en tu cabeza. Tienes miedo
por algo, o quizás estás enfadada con tu hermano o tu hermana.
Dejemos que ese temor se vaya. ¡Sé rápida para perdonar!
Entrégale todo a Dios para que esta noche, cuando te vayas a la
cama, puedas tener el mejor descanso que hayas tenido nunca.

Dios, necesitaba recordar que mi sueño puede ser dulce.
Quiero reposar mi cabeza en la almohada esta noche, sin
estar molesta o temerosa por nada. ¡Gracias por llevarte
mis preocupaciones para que yo pueda descansar!

TODO ES CUESTIÓN DE TIEMPO

Todo tiene su momento oportuno; hay un tiempo
para todo lo que se hace bajo el cielo.

ECLESIASTÉS 3:1 NVI

·····························

La Biblia nos dice que todo tiene su tiempo. Quizás hayas estado esperando que sucediera algo, pero aún no es el momento adecuado. Te frustras, porque quieres que ocurra ahora. Sientes que tarda demasiado. ¡Bueno, presta atención, muchacha! ¡Tu momento va a llegar!

Imagina que estás en un tiempo primaveral. Todo está floreciendo en tu vida. Tienes nuevas y divertidas amistades con las chicas de tu escuela, y estás creciendo en el Señor. Entonces llega el verano. Fuera todo es soleado ahora, en plena floración. Tienes una relación genial con tus padres, y te llevas bien con tu hermanito o hermanita.

A continuación llega el otoño. Quizás te das cuenta de que estás cerca de tu amiga como solías estar, o quizás esté cambiando otra cosa en tu vida. Puede que antes solieras tomar clases de ballet, y ahora no; o tal vez estuvieras en un coro y ahora no. Después del otoño llega el invierno. Es posible que en medio de un tiempo invernal te parezca que nada sale bien. Puede que estés sola o desconectada, y pases un momento difícil en tu vida de oración.

Independientemente de la estación en la que te encuentres, recuerda... puedes confiar en Dios para que cuide de ti.

Padre, gracias por recordarme que las estaciones
no duran eternamente. Cuando me encuentre en un
momento duro, ¡recuérdame que la primavera llegará!

Estoy orando por ti

Siempre doy gracias a mi Dios al recordarte en mis oraciones.
FILEMÓN 1:4 NVI

....

¿Alguna vez has pasado por un momento realmente duro?
Quizás luchabas con tus tareas de matemáticas o tenías
problemas con tus clases de ciencia. La verdad es que no es
divertido pasar por momentos complicados a solas. Saber que
alguien está orando por ti ayuda mucho. ¡Hay un gran poder
en la oración!

¿Qué pasaría si le contaras a tu mejor amiga (o quizá a
tu padre o tu madre) por lo que estás pasando en la escuela
y le pidieras que orara por ti? ¿Te haría sentir mejor? Saber
que alguien eleva tu nombre en oración, te levanta siempre
el ánimo. Además, ¡te da valor y confianza para creer que lo
lograrás!

También funciona a la inversa. Si le dices a alguien que
estarás orando por ella, contará con que lo hagas de verdad.
Por tanto, ¿cómo sabes por quién orar? Prueba esto: elabora
una lista. No olvides añadir a los miembros de tu familia, a tus
amigas de la escuela y a las de la iglesia. ¡No te detengas ahí!
Quizás haya una vecina anciana que necesite oración. Ahora
viene la parte divertida. Siéntate con tu lista cada día (al
menos una vez al día), y ora por cada nombre. ¡Eso es! ¡Eleva
cada nombre! ¿No te hace sentir mejor?

*Señor, gracias por el regalo de la oración, y por las personas
que oran por mí. Ayúdame a hacer la lista de personas por
las que necesito orar. ¡No quiero dejar a nadie fuera!*

LA CHICA FEMENINA

*"Y yo seré su Padre, y ustedes serán mis hijos
e hijas, dice el Señor Todopoderoso".*
2 CORINTIOS 6:18 NTV

∙∙∙∙∙∙∙∙∙∙∙∙∙∙∙∙∙∙∙∙∙∙∙∙∙∙∙∙∙∙∙∙∙∙∙

Algunas de nosotras hemos nacido, sencillamente, siendo niñas femeninas. Nos importa el cabello, el maquillaje, los zapatos y todos los demás adornos que acompañan en este ámbito. Puede que a los demás les parezca una tontería, pero vestir bien puede resultar muy divertido.

¿Te has preguntado alguna vez por qué les gustan a las chicas las cintas y los lazos? ¡Somos hijas de un Rey! ¡Es cierto! Dios, nuestro Padre, es Rey sobre toda la tierra. Así que eso nos convertiría en princesas, y todos saben que a una princesa le encantan sus adornos.

¿Lo mejor de ser una chica femenina? Tener compasión y amabilidad con quienes no lo son. No a todo el mundo le gustan los adornos. Así que, tanto si te gustan como si no, recuerda que una princesa (una hija del único Rey verdadero) es preciosa para su Padre (Dios), lleve vestidos o harapos. Él no mira desde el cielo y pregunta: "¡Eh, tú! ¿Por qué no te pones un vestido femenino y llevas lazos en el pelo?". *Nop.* Está demasiado ocupado, diciendo: "¡Eh, hija! ¡Te amo! ¡Eres hermosa para mí!". ¡Ese es un Papá al que una niña puede amar!

*Oh Padre, estoy tan contenta de que me ames,
sea una chica femenina o no. Ayúdame a
recordar que siempre soy hermosa para ti.*

¿Reconciliación...?

Reconstruirán las ruinas antiguas, y restaurarán los escombros de antaño; repararán las ciudades en ruinas, y los escombros de muchas generaciones.

Isaías 61:4 NVI

....

¿Alguna vez has pasado por una ruptura de amistad? Quizás haya una chica con la que no has hablado en mucho tiempo. Solían ser buenas amigas, pero ahora no. Quizás se pelearon. Ahora quieres hacer las paces con ella para que puedan volver a ser amigas de nuevo. ¿Es posible? Eso esperas, pero no estás segura.

¡A Dios le encanta cuando Sus hijas se llevan bien! Cree que es asombroso cuando se perdonan, y vuelven a ser amigas otra vez. ¿No piensas que puedas hacerlo? ¿Piensas que es demasiado grande para Dios? Recuerda, nada es demasiado grande para Él, así que ora y cree. Después, mete la mano en tu bolsa de "reconciliación". Toda chica tiene una, ¡ya sabes! ¡Se llama tu corazón! Ahí es donde acudes para perdonar y hacer las cosas correctamente.

Echa un ojo al versículo de hoy. Puedes preguntarte qué tienen que ver las antiguas ciudades en ruinas con la amistad. Quizás más de lo que tú crees. A Dios le encanta cuando se reconstruye lo "antiguo", ya sean ciudades, amistades o vidas. Él se dedica al negocio de la "reconstrucción". Así que confía en Él para reunir de nuevo las piezas de tu amistad. ¡Él es lo suficientemente grande para manejarlo!

Amado Señor, no siempre es fácil hacer las paces con una amiga, después de una discusión. Pero sé que te dedicas a la "reconstrucción", así que confío en ti para restaurar mi amistad. ¡Nada es demasiado grande para Ti!

Pégate al pueblo de Dios

Pero Rut respondió: "¡No insistas en que te abandone o en que me separe de ti! Porque iré adonde tú vayas, y viviré donde tú vivas. Tu pueblo será mi pueblo, y tu Dios será mi Dios".
Rut 1:16 NVI

....

¿Alguna vez te has preguntado por qué la gente pasa tanto tiempo en la iglesia? Asisten los domingos, ¡en ocasiones, dos veces! Van los miércoles por la noche. Algunos incluso van los sábados u otro día de la semana. ¿Te parece demasiado tiempo para pasar en la iglesia? ¡No lo es!

A Dios le encanta cuando Su pueblo pasa el tiempo junto. Vernos entonar cánticos de adoración, aprender lecciones de la Biblia y visitar, alegra Su corazón. Sabe que estar juntos nos hace estar unidos. Estar unidos significa tener mucho en común. Amamos las mismas cosas, y disfrutamos siendo una gran familia. ¡Qué fantástico!

Echa un vistazo al versículo de hoy. Una joven llamada Rut le dirigió estas palabras a su suegra, Noemí: "Iré adonde tú vayas, y viviré donde tú vivas. Tu pueblo será mi pueblo, y tu Dios será mi Dios". Cuando acudimos a la iglesia con otros cristianos, les estamos diciendo prácticamente lo mismo: "Quiero estar con ustedes. ¡Su pueblo es mi pueblo, y servimos al mismo Dios asombroso!".

Padre, me siento tan feliz de que me hayas puesto en una gran iglesia como esta. ¡Este es Tu pueblo! Somos una gran familia feliz. ¡Qué increíble es servirte juntos!

Reparar Vallas

Si tu hermano peca contra ti, ve a solas con él y hazle ver
su falta. Si te hace caso, has ganado a tu hermano.
Mateo 18:15 NVI

....

¿Has visto alguna vez a alguien reparar una valla rota? A lo mejor se perdieron algunas piezas de madera, y tuvo que reemplazarlas, así que tomó un martillo y unos cuantos clavos, y comenzó a trabajar, trabajar y trabajar para que la valla volviera a verse perfecta de nuevo.

A veces, reparar una relación rota es como arreglar una valla rota. Requiere trabajo. Imagina: tu amiga hizo algo que realmente hirió tus sentimientos. Quizá mintió sobre ti, y no lo admite. ¿Qué haces?

La Biblia nos enseña que cuando otra persona nos hiere, es necesario que vayamos a ella, no a los demás, sino a la misma persona que nos hirió, y hablar del asunto. No cotillees con tus demás amigas ni hagas un drama del tema. Simplemente ve a la chica que te hirió de algún modo y pregúntale: "Eh, ¿podemos hablar?". Si te escucha, entonces puede que hayas ganado a tu amiga de nuevo. Pero si vas a tus otras amigas e inicias un montón de cotilleos, o le haces pagar, en cierto modo, a la persona que te hirió, todo irá peor. Así que ¡ten valor! Acude a la persona que ha herido tus sentimientos, y mantén una conversación de corazón. ¡Luego observa cómo repara Dios esas vallas!

Padre, gracias por recordarme que debo hablar
con la persona que me hirió, no hablar de ella.
Ayúdame a elegir la mejor forma, Señor.

Regalos extraordinarios

"¿Quién de ustedes, si su hijo le pide pan, le da una piedra?... Pues si ustedes, aun siendo malos, saben dar cosas buenas a sus hijos, ¡cuánto más su Padre que está en el cielo dará cosas buenas a los que le pidan!".
MATEO 7:9,11 NVI

••••••••••••••••••••••••••••••

Imagina que llega la Navidad. Ves todos los regalos debajo del árbol, y tienes especial curiosidad por ese que está envuelto en un precioso papel dorado, y lleva tu nombre. ¿Qué es lo que hay dentro? Oh, podría ser una cámara o unos tejanos nuevos. A lo mejor es un ordenador o un videojuego. ¡El suspense es demasiado insoportable! ¡Casi no puedes esperar a que llegue Navidad!

Finalmente llega el gran día. ¡Estás súper emocionada! Se abren los regalos uno por uno hasta que al final llega tu turno. Tomas el paquete y le quitas el papel, para descubrir una vieja pelota de tenis, chupada por el perro. ¿Qué? Confundida, y un poco dolida, miras a tus padres. ¿Qué tipo de madre o padre le daría a su hija un regalo como ese? ¿En serio?

Quizás este sea un ejemplo tonto, pero este es el tema: ¡Tus padres nunca te darían una apestosa pelota de tenis vieja y chupada! Te dan buenos regalos, porque te aman. Esto es lo que dice la Biblia. ¿Por qué? ¡Porque Él te ama! Así que, ¡pide! ¡Tal vez te sorprendas de lo que Dios tiene para ti en la tienda!

Papi Dios... ¡Tus regalos son increíbles! Incluso mejores que los de la mañana de Navidad. ¡Casi no puedo esperar a ver las maravillas que tienes almacenadas para mí!

Un puño apretado

*Pongan todas sus preocupaciones y ansiedades en
las manos de Dios, porque él cuida de ustedes.*
1 Pedro 5:7 ntv

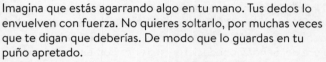

Imagina que estás agarrando algo en tu mano. Tus dedos lo
envuelven con fuerza. No quieres soltarlo, por muchas veces
que te digan que deberías. De modo que lo guardas en tu
puño apretado.

¡Es hora de dejarlo ir, pequeña! Afloja los dedos de uno
en uno. Ahora, mira de cerca. ¿Qué hay dentro? ¿Qué es lo
que has estado agarrando? ¿Qué? ¿Has estado aferrada a tus
preocupaciones? ¡Escucha a Dios, y deja que se vayan! Dáselas
al Señor. Después de todo, sus manos son mucho más grandes
que las tuyas, y Él quiere agarrarlas por ti.

Ahora, haz un gesto de adiós en el aire. ¿Sientes cómo
se elevan esas preocupaciones? Sabes, en primer lugar, no
deberías haberte aferrado a ellas. Dios quiere que Sus hijas
vivan una vida libre de preocupaciones. Así que la próxima
vez que te sientas tentada a preocuparte, recuerda abrir esas
manos y dejar que tus problemas vuelen lejos, hasta las manos
del Señor.

*Dios, hoy elijo soltar mis preocupaciones. No
me aferraré más a ellas. ¡Te las cedo a ti!*

¡HÁBLALO!

Y dijo Dios: "¡Rebosen las aguas de seres vivos,
y que las aves vuelen sobre la tierra!".
GÉNESIS 1:20 BLP

....

¿No es interesante pensar que Dios creó los cielos y la tierra, con Su sola palabra? ¡Para que hablan de cosas asombrosas! ¡Y todo cuanto creó, las rocas, los ríos, los árboles... escucharon la voz del Señor y obedecieron! ¡Los ríos comenzaron a fluir, los árboles se llenaron de hojas, y las estrellas comenzaron a brillar!

¿Y tú qué? ¿Qué pasaría si te pidieran que hicieras una tarta, pero no te dieran los ingredientes? Ni harina ni huevos, ni aceite. Nada. ¿Podrías hacerla? ¿Podrías pronunciar la palabra *tarta* y esperar que apareciera una de forma milagrosa? ¡Por supuesto que no! Solo Dios puede hacer milagros como ese. Pero, ¿sabes una cosa? Dios quiere realmente que proclames algunos milagros y estos se produzcan.

"¿Qué tipo de milagros?, preguntas. Aquí tienes un ejemplo: Cuando estés triste, Dios quiere que digas: "¡El gozo del Señor es mi fortaleza!". ¡Puf! ¡Solo dilo y habrá gozo! Cuando estés enfadada, quiere que digas: "Elijo perdonar". ¡Puf! Pronuncias las palabras y recibes ayuda para perdonar a otra persona.

¡Hay poder en lo que dices, muchacha! Así que ¡habla! Después, observa cómo se mueve Dios a través de tus palabras.

Padre, qué gran recordatorio saber que las palabras tienen
poder. Creaste el mundo con tus palabras, y yo puedo crear
nuevas situaciones con las mías. ¡Me encanta! ¡Y te amo!

Todo el mundo entero

"Pues Dios amó tanto al mundo que dio a su único Hijo, para que todo el que crea en él no se pierda, sino que tenga vida eterna".
JUAN 3:16 NTV

....

¿Alguna vez te has parado a pensar en lo enorme que es el planeta Tierra? Siete continentes. Centenares de países. Miles de millones de personas. ¡Uau! Es abrumador. También existen muchos idiomas diferentes, muchos tipos de personas... ¿Cómo sigue Dios el ritmo de todos nosotros? (¿Habla swahili? ¿Francés? ¿Ruso?).

Es difícil imaginar que nuestro Papi Dios pueda amar a todos Sus hijos, miles de millones y millones de nosotros, de la misma forma. Pero es cierto. Independientemente de que vivas en China, África, o en los Estados Unidos. ¡Dios te adora! No le preocupa el color de tu piel, lo alta que seas, el idioma que hables, si vives en una choza o en una lujosa casa. Adora a cada persona del mundo entero.

Échale un vistazo al versículo de hoy. Es probable que te resulte familiar. El Señor sentía tanto amor por todo el mundo que había creado, que quiso enviar a Su único Hijo a la tierra para morir en una cruz por nuestros pecados. ¡Lo hizo por todos nosotros! ¡A qué Dios tan asombroso servimos!

Señor, estoy deslumbrada por toda la gente que creaste,
pero más incluso cuando pienso en cómo nos amas
a todos por igual. Gracias por amarnos tanto.

♥ Tan fabulosa como lo sean nuestros actos

Sean humildes, amables y pacientes, y bríndense apoyo, por amor, los unos a los otros. Hagan todo lo posible por vivir en paz, para que no pierdan la unidad que el Espíritu les dio.

EFESIOS 4:2-3 TLA

．．．．．．．．．．．．．．．．．．．．．．

Muchas chicas piensan que son fabulosas por su aspecto o por la ropa hermosa que visten. Pero la prueba real de fabulosidad se encuentra en el interior. Si eres realmente fabulosa, seguirás las instrucciones del versículo de hoy. Serás humilde (no alardearás de ti misma ni pensarás que eres mejor que las demás). Serás amable (calmada, fría y serena). Serás paciente (no tendrás siempre prisa por hacer las cosas a tu modo). Brindarás apoyo a los demás por amor (no juzgarás a los demás por su aspecto ni por sus diferencias contigo).

Esto es lo más importante: si quieres ser totalmente fabulosa, debes aprender a vivir en paz con las personas que te rodean. No reñir con tus hermanos y hermanas. No discutir con tus amigas en la escuela. No contestar mal a tus padres. No poner los ojos en blanco a espaldas de tu profesor.

Así que, ¿qué piensas, chica? ¿Puedes hacerlo? Tus actos serán un reflejo de tu corazón, así que comienza pidiéndole a Dios un corazón fabuloso, que brille para Él.

Dios, quiero ser fabulosa, pero quiero hacerlo a tu modo. Ayúdame a ser humilde, amable, paciente y aceptante. Sobre todo, por favor ayúdame a vivir en paz con las personas que me rodean.

Alentadores

Y sucedió que, al oír Elisabet el saludo de María, el niño
que llevaba en su vientre saltó de alegría. Elisabet quedó
llena del Espíritu Santo, y exclamó con gritos alborozados:
"¡Dios te ha bendecido más que a ninguna otra mujer, y
ha bendecido también al hijo que está en tu vientre!".

Lucas 1:41-42 BLP

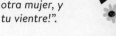

. . . .

Hay una historia verdaderamente genial sobre María, la madre de Jesús, en el Nuevo Testamento. Fue a visitar a su prima Elisabet, quien también estaba esperando un bebé. (A las mamás embarazadas les encanta quedar unas con otras, sin lugar a dudas). Elisabet le comentó algo asombroso a María; "¡Dios te ha bendecido más que a ninguna otra mujer, y ha bendecido también al hijo que está en tu vientre!".

¡Uau! Esas son noticias estupendas. ¡María debía de estar tan emocionada al oír que Dios la había bendecido a ella y a su bebé. Y qué dulce por parte de Elisabet decirle unas palabras tan tremendas. Debía de sentir tanto amor por ella para decirle eso a María. ¡Hablamos de una prima fantástica!

¿No amas a las personas que te dicen palabras de aliento? Escuchan la voz del Señor, y luego comparten lo que oyen contigo para levantar tu ánimo. ¡Ese es el tipo de amigas que necesitas!

¿Quieres ser una alentadora para los demás? Ora por ellos, y luego comparte las buenas cosas que el Señor te dice. ¡Los animarás mucho!

Señor, gracias por mis alentadoras amigas. ¡Ellas me bendicen!
Te ruego que me ayudes a ser alentadora para los demás.

¡NO DESISTAS!

Ustedes aman a Jesucristo sin haberlo visto, y creen en él aunque ahora no lo ven, y se alegran con gozo inefable y glorioso, porque están alcanzando la meta de su fe, que es la salvación.
1 PEDRO 1:8-9 RVC

....

Imagina que alguien te pidiera que escalaras una montaña. ¿Crees que podrías llegar a la cima? ¿Qué ocurriría si a mitad de camino te cansas? ¿Darías media vuelta y desharías el trayecto recorrido y no acabarías nunca el viaje?

Desistir resulta a veces tentador, especialmente cuando la vida es complicada. Dios dice: "¡No te detengas! ¡Puedes hacerlo, incluso cuando las cosas se ponen difíciles!". No, no siempre es fácil, pero puedes hacerlo con Su ayuda.

¿Necesitas un ejemplo? Tal vez estés tomando clases de ballet, pero las cosas no van bien. No pareces recordar las diferentes posiciones, y tus pies se confunden cada vez que la profesora te pide que actúes. Quizás todos se jacten de una de las demás chicas de la clase. (Sus pies parecen saber exactamente qué hacer). Es tan elegante, ¡y tú te sientes tan torpe! Practicas y practicas, pero no pareces mejorar. ¿No tendría más sentido abandonar ahora que puedes?

¡Por supuesto que no! Las ganadoras nunca abandonan, y las que tiran la toalla no ganan nunca! Así que, sigue practicando. No desistas.

Está bien, Señor... continuaré, incluso cuando tenga ganas de abandonar. Pero voy a necesitar tu ayuda más que nunca. ¡No me permitas abandonar!

Crítica

*Por la gracia que se me ha dado, les digo a todos ustedes:
Nadie tenga un concepto de sí más alto que el que debe
tener, sino más bien piense de sí mismo con moderación,
según la medida de fe que Dios le haya dado.*

Romanos 12:3 nvi

....

¿Has conocido alguna vez a alguien que critica a los demás?
Siempre anda rebajando a otras personas y señalando sus
defectos.

A Dios no le gusta que seamos críticas con los demás. No
debemos juzgar. ¿Quieres saber por qué? En primer lugar,
porque Dios es el único que no tiene pecado y solo Él es
digno de juzgar. En segundo lugar, porque nosotras somos tan
pecadoras como la persona a la que estamos juzgando.

Oh, ¿no crees que seas pecadora? ¿No haces cosas
incorrectas? Echa un vistazo al versículo de hoy. Dice: "Piense
de sí mismo con moderación, según la medida de fe que Dios
le haya dado". Si somos sinceras, debemos admitir que todo el
mundo, incluidas nosotras, comete errores. Todos pecamos.
Hablamos de los demás a sus espaldas, tenemos una mala
actitud a veces, y en ocasiones contestamos a nuestros padres.
Por tanto, no deberíamos ser críticas con los demás. No
deberíamos creernos mejores. Sin duda cometen errores, pero
nosotras también. Dios es amable y amoroso con nosotros, a
pesar de esos errores. No nos señala con Su dedo y nos critica.
¡No! Sigue amándonos, pase lo que pase.

*Señor, parece que siempre me doy cuenta de los errores
de los demás, pero a veces ignoro los míos. Mantenme
humilde. Ayúdame a amar a los demás cuando metan la
pata, ¡tanto como tú me amas a mí cuando yo lo hago!*

AMARGURA

Desechen todo lo que sea amargura, enojo, ira, gritería,
calumnias, y todo tipo de maldad. En vez de eso, sean
bondadosos y misericordiosos, y perdónense unos a otros,
así como también Dios los perdonó a ustedes en Cristo.
EFESIOS 4:31-32 RVC

....

¿Alguna vez has mordido una naranja, y has descubierto que era realmente amarga? No hay nada peor que comer algo que en teoría debería ser dulce, y darte cuenta de que es verdaderamente amargo. ¡Ugh!

Lo mismo puede suceder con las personas que observan cómo vivimos los cristianos. Esperan un fruto dulce. Y, sin duda, la mayor parte del tiempo actuamos de forma dulce, pero a veces lo estropeamos todo al volvernos amargas (nos enfadamos). Nuestras amigas, que nos observan, piensan: *"¡Uau! ¡Después de todo no es tan dulce! ¡De hecho, es bastante amarga!"*.

Dios quiere que alejemos nuestra amargura. ¡Basta de frutos amargos! Solo desea frutos dulces que cuelguen de su vid. Si llevas frutos dulces, esto significará que tratas a los demás de una forma tierna. Perdonas en lugar de guardar rencor. Muestras la misma amabilidad amorosa que Dios te ha mostrado a ti. Nunca hablas de nadie a sus espaldas. En otras palabras, ¡ya no eres una persona amarga! ¡Eres dulce de la cabeza a los pies!

Dios, no quiero ser una fruta amarga. Quiero ser
dulce. Quiero que, cuando mis amigas pasen tiempo
conmigo, sepan que soy tu hija, llena de dulzura.

Buenas Obras

"Hagan brillar su luz delante de todos, para que ellos puedan ver las buenas obras de ustedes y alaben al Padre que está en el cielo".
MATEO 5:16 NVI

....

¿Alguna vez te has preguntado cómo espera Dios que brillemos para Él? Después de todo, ¡no eres un coche con luces ni una linterna de brillante bombilla, ni una lámpara en la mesilla de noche.

La forma en que las cristianas hacen brillar su luz es viviendo una vida santa delante de sus amigas. Actuar así te hace tan brillante que tu luz centellea, y alumbra en la oscuridad.

Por tanto, ¿qué es una vida santa? Vivir en santidad significa que eres diferente a la mayoría. No te comportas como las demás, solo por encajar. Te preocupas más por lo que piensa Dios que por lo que piensan tus amigas. Cuanto más agradas al Señor, más brillas tú.

Brillar significa preocuparse más por las necesidades de los demás que por las tuyas propias. Quieres tender una mano de ayuda para levantar a los demás. Cada vez que lo haces, estás brillando, ¡te des cuenta o no!

Padre, quiero hacer brillar mi luz para ti. Quiero vivir una vida santa, y preocuparme más por los demás que por mí misma. ¡Ayúdame a brillar y a resplandecer!

Partido de lucha libre

*Tú guardas en completa paz a quien siempre piensa
en ti y pone en ti su confianza. Confíen siempre
en el Señor, porque él es la Roca eterna.*

ISAÍAS 26:3-4 RVC

....

¿Has asistido alguna vez a un partido de lucha libre?
Probablemente no. Aunque hayas visto uno en la televisión,
sabes que los luchadores son hombres grandes, llenos de
músculos, y muy, muy fuertes. Su confianza se basa en sus
propias fuerzas para derribar a su oponente.

Nosotras no somos tan fuertes como los luchadores,
¿verdad? ¡De ningún modo! No estamos llenas de músculos
como ellos, y, sin duda alguna, no tendríamos el valor de entrar
en el ring para disputar un partido de lucha libre con otra
persona que se pareciera a Sansón o Goliat. Aun así, cuando
depositamos nuestra confianza en Dios, cuando creemos que
Él está peleando nuestras batallas por nosotras, somos más
fuertes incluso que el luchador más fuerte. ¡Es cierto! ¡Los
músculos de Dios son enormes!

Cuando confiamos en Dios para pelear nuestras batallas, no
debemos preocuparnos por lo fuerte o lo débiles que seamos.
No importa. Lo único que importa es *Su* fuerza. Así que, si estás
enfrentándote hoy a un oponente, no tengas miedo de subir
al ring. Solo deja que Dios pelee. Confía en Él para que gane la
batalla con Sus fuerzas, no con las tuyas.

*Oh Señor, estoy tan contenta de que seas tú quien pelea mis
batallas. ¡A veces me siento tan débil y tan poca cosa! Tú
eres el fuerte, Padre. ¡Me alegra tanto poder confiar en ti!*

Sé tú misma

No os conforméis a este siglo, sino transformaos por medio de la renovación de vuestro entendimiento, para que comprobéis cuál sea la buena voluntad de Dios, agradable y perfecta.
ROMANOS 12:2 RVR1960

....

¿No te encanta pasar el rato con personas que te animan a ser tú misma? ¡Con ellas no tienes que fingir! No se te encoge el estómago. No pretendes ser quien no eres. ¡Puedes ser tú misma! ¡Sencillamente tú!

Si alguna vez has estado metida en un grupo de amigas así, que pretendían que fueras quien no eres, ¡huye de ahí tan rápido como puedas! ¡Esas farsantes no miran por tus intereses! Solo quieren que tengas su aspecto y que actúes como ellas para que puedan aparentar ser más populares. En realidad no están interesadas en ti. Solo quieren quedar bien.

Dios te creó para que fueras única, y lo eres. Hay una sola como tú. Así que ¿por qué quieres desperdiciar el tiempo e intentar encajar en el molde de otra? El Señor está más contento cuando te miras en el espejo y dices: "¿Sabes qué? Me siento feliz de ser yo. No me gustaría ser otra persona". ¡Eso hace que el corazón de tu Papi Dios esté muy, muy feliz!

Señor, soy la única "yo" que existe, y sé que me hiciste como soy. Me siento muy feliz de tener la libertad de ser yo misma. No tengo que ser como nadie más. ¡Soy exclusivamente Tuya!

¡ELÉVALO!

Alaba, alma mía, al Señor; alabe todo mi ser su santo nombre.
SALMOS 103:1 NVI

....

Alabar a Dios es un buen modo de cambiar tus pensamientos.
¿Estás pasando por un momento complicado? Si es así,
intenta elevar una canción de alabanza al Rey de reyes y
Señor de señores. Eso es, ¡canta! Independientemente de
aquello por lo que estés pasando, una canción te ayudará.

Es posible que te cueste mucho alabar a Dios cuando
estás en casa o montas en bicicleta. A lo mejor piensas que
solo deberías cantar esas canciones en la iglesia, o cuando
escuchas música cristiana en la radio. ¡Pero Dios quieres que
cantes, cantes y cantes cada día! ¿Por qué? Porque la alabanza
levanta tu ánimo. Hace que te centres en Él, y no en ti, y eso
siempre es bueno.

Deberías alabar a Dios cuando estés en la iglesia, seguro,
pero también deberías hacerlo cuando estés en casa... incluso
cuando las cosas no vayan bien en tu vida. Cuando tengas un
día desagradable o te sientas enferma, ¡entona una canción de
alabanza y observa cómo tu Papi Dios te levanta el ánimo, y
hace que tengas un día mucho mejor!

*Padre celestial, confieso que no siempre tengo ganas
de alabar. ¡Algunos días me siento tan desganada! Por
favor, en esos días tan desagradables, ¡recuérdame que
la alabanza es poderosa! Eso me ayudará a dejar atrás
lo malo, y me recordará que tú estás al control.*

NO SERÉ SACUDIDA

Sé que el Señor siempre está conmigo. No seré
sacudido, porque él está aquí a mi lado.
SALMOS 16:8 NTV

....

¿Qué significa ser "sacudida"? ¿Hallarse en una habitación mientras todo tiembla? No necesariamente. Ser sacudida podría significar desviarse en un momento difícil, y perder el rumbo. Pierdes tu confianza y te sientes perdida.

Aquí tienes un ejemplo: imagina que todo va bien, y de repente tu padre se pone muy enfermo. Tiene que ir al hospital. Ya no puede trabajar, y ves que tu madre está muy preocupada. ¿Qué haces? ¿Dejas que la tormenta te desvíe del camino, o te aferras fuerte a tu fe en Dios, y crees que Él lo solucionará todo al final?

Algunas situaciones son muy alarmantes, y nos sacuden, pero no tenemos que quedarnos así. Tan solo acude a Dios y confiésale: "¡Señor, tengo miedo!". Entonces pídele que te recuerde que Él está al control, y que permanece a tu lado. Tu tiempo de sacudida no durará eternamente, ¡es una promesa!

Señor, a veces tengo miedo. Cuando suceden cosas malas,
tiendo a preocuparme. ¡Gracias por recordarme que los
momentos de sacudida no duran eternamente, y que
estás tan cerca de mí que puedo alcanzarte y tocarte!

TOMAR UNA DECISIÓN

Busca su voluntad en todo lo que hagas,
y él te mostrará cuál camino tomar.

PROVERBIOS 3:6 NTV

....

¡Decisiones, decisiones! ¿Cómo tomamos grandes decisiones? ¿Jugamos al "pito, pito, gorgorito"? ¿Pedimos consejo a nuestras amigas? ¿Lo echamos a suertes con pajitas?

Cuando tienes que tomar una gran decisión, solo hay una forma de hacerlo. Necesitas orar y pedirle a Dios Su opinión. ¡Él te la dará! Oh, probablemente no hablará con una gran voz resonante, sino que se hará saber en tu corazón qué dirección tomar. No dejará que te sientas perdida y sola.

Así que, ¿a qué decisiones te enfrentas hoy? ¿Te preguntas si deberías ser amiga de la niña recién llegada a la escuela? ¿Estás tratando de decidir si deberías tomar cierta clase en la escuela? ¿Consideras apuntarte a clases de música o de ballet? Sí, la vida está llena de decisiones, pero puedes tomar las correctas con la ayuda de Dios. Solo pídeselo hoy. Él no solo te hará saber lo que debes hacer, sino que ¡aclarará el camino para ti! Solo escucha su tranquila y pequeña voz en tu corazón.

Padre, ¡estoy escuchando! Tengo que tomar varias decisiones
y necesito tu ayuda. ¡Basta ya de pito, pito, gorgorito! De
ahora en adelante escucharé tu dulce y pequeña voz.

Palabrotas

*No digan malas palabras. Al contrario, digan siempre
cosas buenas, que ayuden a los demás a crecer
espiritualmente, pues eso es muy necesario.*

EFESIOS 4:29 TLA

. . . .

¿Has estado rodeada alguna vez de personas que decían palabrotas? Suena desagradable, ¿verdad? Utilizar un lenguaje inadecuado (maldiciones) no es indicativo de ser una persona guay o popular, es sencillamente horrible. A Dios no le gustan las palabras sucias, y Su corazón se rompe cuando Sus hijos las usan. ¿No lo crees? Comprueba el versículo de hoy: "No digan malas palabras". Esto deja bien claro que a Dios no le gusta.

Una de las razones principales por las que este tipo de lenguaje es desagradable es porque arruina tu testimonio. Tu *testimonio* es la historia de lo que Dios ha hecho en tu vida, de cómo ha cambiado tu corazón. Imagina que le dices a una amiga que amas a Jesús. Incluso la invitas a la iglesia. Entonces comienzas a emplear un lenguaje realmente feo. Es probable que tu amiga comente: "Pero yo pensaba que era cristiana. ¿Por qué habla así?".

¿Lo entiendes? Si afirmas ser cristiana, es necesario que te comportes como tal. La gente observa. Así que no hables mal. No está bien y, desde luego, no es algo que le guste a Dios. Lávate la boca con jabón espiritual, y prepara tu mente para usar de ahora en adelante tan solo palabras hermosas.

*Dios, no quiero romperte el corazón ni arruinar
mi testimonio. Te ruego que no permitas que yo
use palabras sucias. Quiero honrarte, Señor.*

Síguele adónde Él te lleve

Todavía no había terminado yo de orar cuando vi que Rebeca se acercaba con un cántaro sobre el hombro. Bajó a la fuente para sacar agua, y yo le dije: "Por favor, deme usted de beber".
GÉNESIS 24:45 NVI

....

Hay una historia genial en el Antiguo Testamento sobre una joven llamada Rebeca. Fue a la fuente para sacar agua, sin saber que su vida cambiaría en ese instante. En la fuente conoció a un hombre, que le dijo que se casaría. ¡Uau! ¡Probablemente no se lo esperaba!

¿Sabías que Dios sigue hablándonos hoy? Cuando seguimos Su dirección, y vamos donde Él quiere que vayamos, se reúne allí con nosotras y le habla a nuestro corazón. Por ejemplo: tal vez no estés segura de querer ir al campamento de la iglesia. Sientes de alguna manera que Dios te empuja a ir, así que vas (aunque te cuesta separarte de tu padre y de tu madre). Mientras estás en el campamento, vives un tiempo asombroso y le pides a Jesús que venga a morar en tu corazón. Toda tu vida cambia, porque escuchaste y seguiste la dirección de Dios.

¿Ves? Cuando seguimos a Dios a los lugares que Él nos lleva, Él habla y cambia nuestra vida, ¡como hizo con Rebeca!

Padre, gracias por los encuentros que he tenido y que cambiaron mi vida. ¡Te seguiré con alegría adonde quiera que me dirijas!

ÁLBUMES DE FOTOS

Dirige a tus hijos por el camino correcto, y cuando sean mayores, no lo abandonarán.
PROVERBIOS 22:6 NTV

....

¿No te encanta mirar álbumes de fotos? En los "viejos tiempos", la gente guardaba álbumes de fotos maravillosos (libros especiales con fotos). Puede que tus padres o tus abuelos tengan álbumes para que puedas verlos. Hoy día, la gente guarda sus fotos en los ordenadores, sus teléfonos, incluso en marcos digitales. Independientemente de dónde las guardes, es una buena idea tenerlas para que no olvides nunca las vidas especiales de tus padres, abuelos, tías, tíos...

¿Por qué es tan divertido contemplar fotos de los miembros de la familia (digamos, la foto de una madre cuando era pequeña)? Después de todo, tu familia es parte de ti. Cuando ves la foto de tu madre, recuerdas que formas parte de algo más grande que tú misma. También es fácil ver cómo Dios ha traído a tu familia de una generación a otra.

¡Piénsalo por un momento! Un día, tus hijos verán tus fotos de cuando eras una niña. Dirán: "¡Mami, mira qué linda eras! ¡Me encantan tus rizos! ¡Me encanta esa ropa tan divertida!". ¡Qué divertido será!

Señor, gracias por proporcionarme fotos que puedo contemplar. Me alegra formar parte de una familia mayor. ¡Y estoy deseando ver cómo seré cuando sea mayor!

El cielo

En el hogar de mi Padre hay muchas viviendas; si no fuera así, ya se lo habría dicho a ustedes. Voy a prepararles un lugar.

JUAN 14:2 NVI

....

¿Piensas alguna vez en el cielo? ¿Te das cuenta de que tendrás una mansión (una casa enorme) cuando llegues allí? No será una casa normal. Será más asombrosa que cualquier otra casa de la tierra, y la calle donde se encuentra estará pavimentada en oro. ¡*Sip*, oro!

Con frecuencia tenemos problemas en la tierra. No llegamos a ver el plan completo de Dios para nuestra vida. Pero cuando lleguemos al cielo, no habrá más dolor ni tristeza (¡ni lágrimas!), ni debilidad. En el cielo, ¡todo será maravilloso! No tendrás nada por lo que lloriquear o quejarte, ¡eso te lo aseguro! Estarás demasiado ocupada adorando a Dios, y cantando con los ángeles como para protestar.

Si estás teniendo hoy un mal día, cierra los ojos, y piensa en cómo será el cielo. Los problemas de hoy pasarán. ¡Un día estaremos juntos en aquel asombroso lugar con calles de oro!

Padre, a veces estoy demasiado nerviosa por los problemas que afronto, y me olvido que un día estaré en el cielo contigo. Cuando tenga un día complicado, te ruego que me recuerdes que pasaré la eternidad contigo, ¡y que caminaré por calles de oro!

PROMESAS BÍBLICAS

Porque todas las promesas de Dios son en él Sí, y en él
Amén, por medio de nosotros, para la gloria de Dios.
2 CORINTIOS 1:20 RVR1960

....

¿Sabías que la Biblia está repleta de promesas? ¡Es cierto! Dios les ha prometido muchas cosas a Sus hijos: nunca nos dejará ni abandonará (ver Hebreos 13:5). Escucha nuestras oraciones (ver Salmos 116:1). No nos decepcionará (ver Isaías 26:4). Sana las enfermedades de las personas (ver Salmos 103:3). Nos da sabiduría (ver Proverbios 1:7). Dios es todopoderoso (ver Salmos 62:11). Dios echa fuera nuestros miedos (ver Salmos 24:4). Podemos estar gozosas, incluso en los momentos duros (ver Filipenses 4:4).

Podríamos pasarnos todo el día hablando de las promesas de Dios, pero esta es la cuestión: ¡nunca nos decepcionará! ¡De ningún modo! Servimos a un Dios que no se desdice de Sus promesas. Si lo ha dicho, lo hará. A veces, las personas nos decepcionan, esto es indudable, pero el Señor nunca lo hará. Podemos depositar nuestra confianza en Su Palabra. ¡Qué Dios tan impresionante es el Dios al que servimos!

Señor, a veces las personas hieren mis sentimientos
cuando se desdicen de sus promesas. ¡Me alegra tanto
saber que tú nunca lo harás! ¡Si lo has dicho, lo harás!

ADORA SOLO A DIOS

Al ver los israelitas que Moisés tardaba en bajar del monte, fueron a reunirse con Aarón y le dijeron: "Tienes que hacernos dioses que marchen al frente de nosotros, porque a ese Moisés que nos sacó de Egipto, ¡no sabemos qué pudo haberle pasado!"
ÉXODO 32:1 NVI

....

Hay una historia interesante en el Antiguo Testamento sobre un grupo de personas (los israelitas) que le dieron la espalda a Dios. Bueno, creyeron en Él durante un tiempo; luego, cambiaron de opinión, y comenzaron a adorar a un becerro de oro. ¿Puedes creerlo? ¿Por qué dichosa razón adorarían a una cosa con aspecto tan bobo?

Puede sonarnos ridículo, pero en estos días, pasamos a veces demasiado tiempo jugando a videojuegos o viendo la televisión, otras cosas que nos roban el tiempo. Puede que no sea lo mismo que adorar a un becerro de oro, pero si no tenemos cuidado, podemos acabar prestándoles toda nuestra atención a estas cosas cuando deberíamos estar enfocadas en Dios y en los demás.

Así que ¿cuál es *tu* becerro de oro? ¿Hay algo a lo que le hayas dado una importancia un tanto extrema? ¿Tu ropa? ¿Tu dinero? ¿Tu ordenador? ¿Tus programas de televisión? ¿Tus amistades? Asegúrate de estar adorando a Dios, y no a las "cosas".

Padre, gracias por recordarme que mis cosas no deberían ser tan importantes como tú. No más becerros de oro para mí. Mi corazón solo te adora a Ti.

Hallar el valor en las personas, no en las cosas

Así que no teman, pues ustedes valen más que muchos pajarillos.
MATEO 10:31 RVC

....

¿Has estado alguna vez en una joyería de lujo? Si es así, habrás visto algunos collares, pendientes y pulseras realmente caros. A nuestro alrededor, la gente pone precio a sus "cosas": casas, coches, ropa, bolsos, zapatos, etc. Tú puedes pensar: *Bueno, no tengo mucho dinero así que no tengo muchas cosas.* ¿De verdad? Tienes ropa, zapatos, juguetes y todo tipo de cosas, ¿no es así? Tan solo asegúrate de no darle más valor que a las personas de tu vida.

Imagina que quisieras comprar un juguete muy especial. Ahorraste y ahorraste hasta tener el dinero suficiente para comprarlo. Día y noche no hablaste de nada que no fuera ese juguete. Seguiste y seguiste hablando de que un día sería tuyo. ¡Finalmente, llegó el día, y compraste el juguete! ¡Sí! ¡Lo significaba todo para ti! Solo hay un problema... Estabas tan ocupada con ese juguete, que olvidaste a tus amigas, a tus padres, a tus hermanos y hermanas, etc. Convertiste a ese juguete en lo más importante de tu vida.

Puede parecer un ejemplo tonto, pero hacemos cosas así todo el tiempo. De modo que ten cuidado. Recuerda que Dios quiere que hallemos el valor en las personas, y no en los juguetes.

¡Gracias por el recordatorio, Señor! Mis cosas no tienen valor para mí, las personas sí. Amo a mis amigas y a mi familia mucho más que a mis juguetes.

Gozo en la mañana

*El llanto podrá durar toda la noche, pero
con la mañana llega la alegría.*
Salmos 30:5 NTV

....

¿Has tenido alguna vez una noche difícil? Quizás estuviste despierta hasta altas horas de la madrugada, y lloraste hasta el cansancio por algo que te molestó mucho. Quizás tu mejor amiga comentó algo que hirió tus sentimientos, o tal vez estabas enfadada con tus padres o con tu hermano pequeño por algo. Así que te quedaste despierta la mitad de la noche, lloraste y te preocupaste.

¡Tengo una buena noticia! ¡Si puedes quedarte dormida en noches como esa, te despertarás por la mañana con una nueva perspectiva de la vida! Con la salida del sol llega un nuevo día, ¡y será más feliz que el anterior! Con toda seguridad, todos esos problemas que te inquietaban por la noche parecen no ser tan importantes a la mañana siguiente. Así que la próxima vez que parezca que va a ser una noche dura, olvídate de llorar hasta el cansancio. Limpia esas lágrimas. Recuerda, Dios promete que por la mañana llegará el gozo. Así que descansa un poco, y empieza de cero mañana.

*Padre, a veces tengo dificultades para dormirme, porque estoy
molesta con cosas. Estoy dolida, preocupada o enfadada.
Ayúdame a dormir plácidamente, y a despertarme fresca
por la mañana, preparada para comenzar un nuevo día.*

El arcoíris después de la tormenta

*"He puesto mi arco iris en las nubes. Esa es la señal
de mi pacto con ustedes y con toda la tierra".*

GÉNESIS 9:13 NTV

....

Si alguna vez has mirado al cielo, después de una tormenta,
habrás descubierto un brillante arcoíris con todos sus colores
resplandecientes; entonces sabes cómo es sentir esperanza.
Ciertamente puedes proseguir después de las tormentas de la
vida, aun cuando parece imposible. El arcoíris es una señal, un
arco colorido de esperanza. Te dice: "¡Eh! ¡Puedes continuar!
¡Sé que ha sido duro, pero no desistas! ¿Recuerdas a Noé?
¿Recuerdas el diluvio? Incluso después de una tormenta tan
difícil, Noé siguió adelante, y acabó en tierra seca".

Todos pasamos por momentos de tormenta, seamos niños o
adultos. Dios no te olvidará cuando estés pasando un momento
difícil. Si alguna vez lo dudas, solo tienes que contemplar el
arcoíris, y recordarás que mañana será un día mucho más
brillante.

Confía en Dios. No te decepcionará jamás. Esa es Su
promesa.

*Dios, a veces necesito un recordatorio de que mañana
será mejor que hoy. Apuesto a que Noé también
necesitó ese recordatorio cuando estuvo en el arca.
¡Gracias por el arcoíris, Señor! Me da esperanza.*

CONVIERTES MI LAMENTO EN DANZA

*Convertiste mi lamento en danza; me quitaste
la ropa de luto y me vestiste de fiesta.*
SALMOS 30:11

....

Si alguna vez has estado muy, muy triste, sabes lo difícil que
es recuperarse rápido. ¿Qué pasaría si pudieras estar triste un
minuto, y danzar de alegría al siguiente? ¿Parece imposible?
¡No lo es! La Biblia dice que Dios puede convertir nuestro
lamento (tristeza) en danza. ¿Cómo ocurre esto? Debes
acudir a Él cuando estés triste. Abrir tus manos y decir: "¡Aquí
tienes, Señor! Ya no quiero más esto". Lo quitará en ese
momento y en ese lugar.

Y dejarle tus problemas a Dios tampoco es tan difícil
como puedes pensar. Quédate a solas con Él. Sé sincera. Dile:
"Señor, estoy luchando. ¡Por favor, ayúdame!". Lo hará. ¡Vuelca
tu corazón, chica! Cuéntale qué te preocupa. ¡Conforme le
entregues tus problemas (y eso es lo que Él quiere que hagas),
te sentirás cuarenta y cinco kilos más ligera! Tus dedos pronto
empezarán a repiquetear, y tu corazón estará preparado para
estallar en una alegre canción.

Una vez empiece la danza, ni siquiera recordarás la tristeza,
y los problemas de ayer.

*Padre, quiero dejar ir mi tristeza y mis problemas.
Preferiría bailar en vez de llorar. Te entrego mis aflicciones,
Señor. Por favor, cambia mi lamento en danza.*

Una personalidad burbujeante

Estén siempre alegres, oren sin cesar, den gracias a Dios en toda situación, porque esta es su voluntad para ustedes en Cristo Jesús.
1 Tesalonicenses 5:16-18

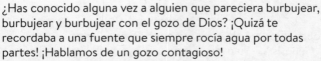

¿Has conocido alguna vez a alguien que pareciera burbujear, burbujear y burbujear con el gozo de Dios? ¡Quizá te recordaba a una fuente que siempre rocía agua por todas partes! ¡Hablamos de un gozo contagioso!

¡A lo mejor no podía parar de reírse, o tenía siempre una sonrisa en su cara! ¡Quizás soltó una larga y gran carcajada! A lo mejor contaba chistes divertidos, y hacía que todos se rieran. En cualquier caso, ¡seguía burbujeando un día tras otro!

Seguro que las chicas así pueden parecer un poco bobas, o incluso tontas a veces, pero, a la larga, te animan y siempre ven el vaso medio lleno. No fingen. ¡De ningún modo! Confían en Dios de una forma real y verdadera, y saben que las cosas irán bien finalmente. Su gozo es auténtico, y burbujear como una fuente de agua.

¿Eres una chica burbujeante? Si no lo eres, podrías orar y pedirle ayuda a Dios. Te dará Su gozo, que burbujeará dentro de tu corazón, y hará que todo parezca mejor.

Padre, conozco a algunas chicas que parecen gozosas.
Yo también quiero burbujear con tu gozo.
¿Puedes llenarme como una fuente?

LEA

A la mañana siguiente, Jacob se dio cuenta de que había estado con Lea, y le reclamó a Labán: "¿Qué me has hecho? ¿Acaso no trabajé contigo para casarme con Raquel? ¿Por qué me has engañado?".
GÉNESIS 29:25 NVI

....

¡Pobre Lea! Qué vida tan dura tuvo. Puedes leer su historia en Génesis 29. Su padre le hizo una jugarreta a un hombre llamado Jacob, y utilizó a Lea como parte de este juego. Jacob pensó que se estaba casando con la hermana mejor de Lea, Raquel, pero en vez de ello se casó con Lea. (Eh, ¿piensas que estás en una situación difícil? Al menos tu padre no te ha utilizado para engañar a otra persona).

Cuando nos ocurren cosas terribles, debemos aprender a perdonar, sobre todo cuando nos hiere alguien a quien amamos. Si no elegimos perdonar a la persona por aquello que hizo, la amargura crecerá en nuestro corazón. Pronto seremos unas malhumoradas y cascarrabias y malas personas con todo el mundo, y todo por no perdonar a una persona.

¿Te ha herido alguien a quien querías? Si es así, no dejes que crezca en ti la amargura. En vez de ello, ¡mejora! Perdona. Libera a esa persona, diciéndole: "Dios, no entiendo por qué me hizo eso, pero elijo perdonar de todos modos". ¡Eso es! ¿No te hace sentir mejor?

Padre, no siempre comprendo por qué las personas hieren a los demás. Realmente apesta que alguien a quien querías, y en quien confiabas, te haga daño. Pero elijo perdonar, Señor. No miraré atrás, y no crecerá la amargura. ¡Solo mejoraré!

Consejo de mamá

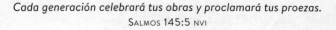

Cada generación celebrará tus obras y proclamará tus proezas.
Salmos 145:5 nvi

....

Una de las cosas más estupendas de tener una madre, una abuela o una tía es esta: puedes acudir a ella para pedir consejo. ¡Las mujeres de tu vida son muy sabias! Han vivido mucho tiempo, y tienen mucho que compartir. Pueden enseñarte todo tipo de cosas. ¡Cómo cocinar, cómo amar a los demás, cómo vivir una vida llena de diversión!

Cierto, eres una niña. Quieres rodearte de chicas de tu edad. Pero no olvides que Dios ha colocado a las mujeres mayores en tu vida por una razón. Están ahí para compartir sus experiencias contigo. Así que la próxima vez que necesites consejo, cuando no sepas qué hacer, busca a tu madre, a tu abuela o a una vecina mayor. Estas mujeres te llenarán de grandes consejos, y te darán una buena dosis de amor al mismo tiempo. ¡Muchacha, esa es una situación beneficiosa para todos!

Señor, gracias por las mujeres de mi vida.
Me encanta que me den sus consejos, y escuchar sus
historias. ¡Estas mujeres están tan llenas de sabiduría!
¡Estoy tan agradecida por el amor de sus corazones!

El camino estrecho

"Esforzaos en entrar por la puerta estrecha, porque os digo que muchos intentarán entrar, pero no podrán".
Lucas 13:24 BLP

....

Imagina un paseo por el bosque. Encuentras un largo y delgado sendero, lo sigues, y te adentras más en el bosque. Después de un rato, el camino se hace realmente estrecho, tanto que casi no puedes seguir. ¿Qué harías? ¿Abandonar? ¿Darte la vuelta? ¿Ir por otro camino? ¿Aferrarte al camino estrecho?

Seguir a Dios es muy parecido a esa senda. Es un camino estrecho. No muchos pueden encontrarlo, y quienes lo hacen a veces se desaniman, y atajan por un camino diferente, uno que parece más fácil.

Sin embargo, ¡tú no! Tú continúas por ese camino estrecho, pequeña. Ese es el camino en el que Dios quiere que estés. Te mostrará el rumbo, así que confía en Él. No sigas a otras que prefieran ir en otra dirección. ¡De cualquier modo, se perderán! Aférrate a Dios. El trayecto puede no ser siempre fácil, pero merecerá la pena al final.

Dios, no quiero seguir a mis amigas; ¡quiero seguirte a ti! Ciertamente, el sendero es estrecho a veces. Y no siempre es fácil, ¡pero merece tanto la pena!

¡BUSCA Y VE!

Hijo mío, escúchame y haz lo que te digo, y tendrás una buena y larga vida. Te enseñaré los caminos de la sabiduría y te guiaré por sendas rectas.
PROVERBIOS 4:10-11 NTV

....

Imagina que te encontraras con un mapa del tesoro. ¡Uau! Seguirías todas las pistas hasta hallar el tesoro escondido, ¿verdad? Por supuesto que sí. ¡Y el tesoro significaría tanto para ti, independientemente de las riquezas que encontraras dentro de la caja!

¿Sabías que el reino de los cielos es como un tesoro? Buscamos y buscamos para descubrir las pequeñas joyas (amor, fe, paz, gozo, etc.) que Dios tiene para nosotros. Todas están en ese cofre del tesoro, esperando que las saquen.

Así que, chica ¿qué esperas? ¡Comienza la búsqueda! Ora y pídele al Señor que te revele los tesoros escondidos. Te guiará por un camino hacia todo tipo de grandes sorpresas que cambiarán tu vida. Descubrir los tesoros de Dios es una gran aventura, una de la que nunca te arrepentirás. Así que ¡agarra el mapa! ¡Comienza la búsqueda!

Padre, gracias por mostrarme que mi viaje contigo es como seguir un mapa del tesoro. ¡Me estás llevando a descubrir joyas asombrosas a cada paso del camino!

Establecer objetivos

"Porque ¿quién de ustedes que quiera levantar una torre, no se sienta primero a calcular los costos, para ver si tiene todo lo que necesita para terminarla?"
Lucas 14:28 RVC

....

¿Eres una formuladora de objetivos? ¿Planeas tu día o elaboras listas? Si no es así, podrías querer probarlo, porque es importante establecer metas, incluso pequeñas. Tus oportunidades de conseguir los objetivos son mucho mejores si de verdad apuntas a ello. Las metas son una forma asombrosa de mantener tu vida en movimiento hacia un destino feliz.

Bueno, ¿cómo estableces objetivos? En primer lugar, ora y pide a Dios que te dé objetivos. A lo mejor quiere que ahorres algo de dinero para ayudar a sustentar a un niño de otro país. Estableces un objetivo de treinta dólares. Entonces ora y pide a Dios que dé una estrategia para conseguir el dinero. A lo mejor puedes ganar diez dólares limpiando la casa de tu vecina, y otros diez dólares haciendo de canguro. Quizás los últimos diez dólares provienen de vender limonada en el puesto de limonadas.

La cuestión es que Dios te mostrará cómo elaborar tu camino hacia tu destino, paso a paso. No, no sucederá todo en un día. Elaborar el camino hacia la meta requiere paciencia. Pero si no desistes, lo conseguirás, paso a paso. Y, ¡oh, qué lecciones tan asombrosas aprenderás a lo largo del camino!

¡Padre, gracias por darme objetivos! Quiero hacer grandes cosas para ti. Ayúdame a descubrir qué debo hacer, y dame entonces las estrategias para hacerlo, día a día.

LEALTAD

*Hay amigos que llevan a la ruina, y hay
amigos más fieles que un hermano.*

PROVERBIOS 18:24 NVI

....

¿Qué significa ser leal? Una persona leal es la que permanece a tu lado, incluso cuando es difícil. Si tú eres una amiga leal, no abandonarás a una amistad ni cuando lleguen los problemas. (Y, afrontémoslo, ¡todas las amistades pasan por momentos duros!). Ser leal significa tener una actitud de "estar al lado de".

No todo el mundo es leal, por supuesto. Algunos no quieren arrimarse mucho tiempo. Actúan como si fueran tus amigos un día, y desaparecen al siguiente. En realidad, no puedes controlar todo eso, pero puedes controlar el tipo de amiga que serás para los demás. Así que prepara tu mente. Dite a ti misma: "Voy a ser la clase de amiga que no abandona, ni siquiera cuando la cosa se complica".

Dios premiará tu fidelidad. Él sabe lo que es ser un amigo leal. Después de todo, ha estado cerca de ti cada día de tu vida, y no planea abandonarte nunca, independientemente de los errores que cometas. ¡Hablamos de lealtad! Así que aprende de Dios. ¡No encontrarás mejor maestro!

*¡Padre, eres un amigo leal! Yo también quiero ser una amiga
leal para los demás, sin abandonar la amistad cuando
esta se complique. Enséñame cómo hacerlo, Señor.*

Pelea la buena batalla

Pelea la buena batalla por la fe verdadera. Aférrate a la vida eterna a la que Dios te llamó y que declaraste tan bien delante de muchos testigos.

1 Timoteo 6:12 NTV

....

¿Alguna vez te has metido en una pelea con una amiga, hermano o hermana? Las peleas no son muy divertidas, ¿verdad? Tarde o temprano una persona le dice algo grosero a la otra, y acaba dañando sus sentimientos. Bueno, ¿por qué era la pelea? Con frecuencia es por algo tonto, algo que ni siquiera tiene importancia.

Si tienes que pelear, por qué no pelear "la buena batalla". Eso es lo que la Biblia denomina nuestro viaje de la fe. La "buena batalla" es la vida que vivimos como cristianos. Luchamos contra muchos enemigos (la pereza, los celos, y otras cosas que nos arruinan). Pero podemos ganar la batalla si no desistimos.

Entonces, ¿cómo peleamos la buena batalla? Tomamos nuestras armas: amor, fe, amabilidad, autocontrol, paciencia... Podemos usar estas y muchas más para luchar contra los enemigos de la ira, la impaciencia, la frustración... Luchamos usando la Espada del Espíritu (la Palabra de Dios), y seguimos luchando para ganar la buena batalla, sin importar lo duro que sea. ¡Chica, esta es una batalla de la que te alejarás en triunfo!

Padre, quiero ser una ganadora de la buena batalla de fe. ¡Muéstrame las armas que necesito para hacer el trabajo!

Una casa en la roca

*"Todo el que escucha mi enseñanza y la sigue es sabio, como
la persona que construye su casa sobre una roca sólida.
Aunque llueva a cántaros y suban las aguas de la inundación
y los vientos golpeen contra esa casa, no se vendrá abajo
porque está construida sobre un lecho de roca".*
MATEO 24-25 NTV

....

¡Es tan importante obedecer a Dios! Si lees el versículo de
hoy, puedes ver que la obediencia es como construir una casa
en la roca. ¡Es sabio! Cuando ignoras las palabras de la Biblia,
y vas a la tuya, es como construir una casa en la arena. ¡Llegan
las aguas y la arrasan! No es un fundamento muy sólido, ¿no?

Entonces, ¿cuál preferirías, la casa construida en la roca o
la edificada en la arena? ¡En la roca, por supuesto! ¿Pero cómo
mantienes tu casa ahí, sobre esos cimientos de roca sólida?
Siguiendo las normas de la Biblia. Leyendo la Palabra de Dios y
orando cada día.

Así que, no sigas a tus amigas; hacer las cosas que ellas
hacen podría alejarte de Dios. En lugar de eso, mantén tus ojos
en Jesús y tus pies fuera de las arenas movedizas.

Puedes ser fuerte en Cristo y estar en la roca sólida, ¡solo
obedece!

*Padre, ¡lo tengo! Tengo una casa en la roca y sigo
la Biblia y oro. No resbalaré ni me deslizaré como
mis amigas hacen. ¡No habrá casas en la arena para
mí! ¡Permaneceré construida en ti, la Roca!*

EL BUEN SAMARITANO

Pero un samaritano que iba de viaje llegó adonde
estaba el hombre y, viéndolo, se compadeció de él.
LUCAS 10:33

....

¿Has leído alguna vez en la Biblia la historia del Buen
Samaritano? Unos ladrones golpearon y malhirieron a un
hombre. Lo abandonaron para que muriese, al lado del
camino. Algunas personas religiosas pasaron por su lado y
le dejaron en la calle. (¿Puedes imaginártelo? ¡Qué cruel!).
Entonces vino un samaritano. Los samaritanos no eran muy
conocidos por ser buenos tipos, pero este lo era. Vio al
pobre hombre y se paró a ayudarlo. El samaritano pagó para
que el hombre herido se quedara en un hotel, mientras se
recuperaba, y se aseguró de que tuviese todo lo necesario.

A veces juzgamos a las personas antes de conocerlas. A
veces, la gente que en nuestra opinión podría ser mala, es
buena, y la que pensamos que es buena, a veces resulta ser
mala. Por eso debemos dar una oportunidad a todo el mundo.
No ser tan rápidas al juzgar si alguien es bueno o no. Tu labor
no consiste en decidirlo. Solo Dios puede ver el interior del
corazón. ¡Y lo que Él ve podría sorprenderte!

Señor, sé que a veces decido juzgar a las personas cuando
no debería hacerlo. Ayúdame a ver que todos merecen una
oportunidad, especialmente aquellos que son diferentes a mí.

CREADA A PARTIR DE UNA COSTILLA

Entonces Dios el Señor hizo que el hombre cayera en un sueño profundo y, mientras este dormía, le sacó una costilla y le cerró la herida. De la costilla que le había quitado al hombre, Dios el Señor hizo una mujer y se la presentó al hombre.
GÉNESIS 2:21-22 NVI

....

¿Alguna vez te has preguntado por qué Dios decidió crear a los hombres y a las mujeres? ¿Por qué no solo a uno o al otro?

El Señor creó primero al hombre (Adán) y lo puso en el Jardín del Edén. Después, Dios decidió que Adán necesitaba una amiga. Así que, mientras dormía, Dios tomó una de las costillas del hombre e hizo a la mujer.

Piensa en ello por un momento. Las mujeres fueron creadas de una costilla. Dios no tomó uno de los tobillos para que el hombre pudiera pisotearla. No tomó un hueso de la cabeza de Adán para que la mujer fuera la que gobernara, la que tomara todas las decisiones en la relación. Tomó un hueso cerca del corazón de Adán porque sabía que Eva se enamoraría de Adán, y juntos tendrían una familia. Qué dulce, ¿verdad?

¿No es una historia genial sobre cómo se creó a la mujer? Fuimos creadas para enamorarnos, para casarnos, y tener familias. Y también fuimos creadas para enamorarnos de Dios, que es nuestro Creador. Después de todo, Él es Aquel que nos diseñó, y quien nos lleva cerca de Su corazón. No, no vivimos en el Jardín del Edén, ¡pero un día viviremos en el cielo, que será más hermoso!

Señor, ¡lo entiendo! Creaste a la mujer después del hombre, pero eso no significa que nos ames menos. Estoy tan emocionada de que eligieras crearme, y de que me lleves cerca de tu corazón.

El hijo pródigo

*Así que emprendió el viaje y se fue a su padre. Todavía
estaba lejos cuando su padre lo vio y se compadeció de
él; salió corriendo a su encuentro, lo abrazó y lo besó.*

LUCAS 15:20 NVI

....

Jesús contó una historia muy interesante sobre dos hermanos.
El más pequeño tomó la inesperada decisión de abandonar
la casa de su padre, e intentó vivir por su cuenta. Dijo: "Eh,
papá, por favor, dame mi parte de la herencia. Me voy por un
tiempo". El padre le dio la herencia (una gran suma de dinero).
¡El hermano más pequeño se fue y malgastó todo el dinero!
Se lo gastó en tonterías, y acabó viviendo en una zanja con los
cerdos (¡Asqueroso!).

Durante todo este tiempo, el hermano mayor se quedó
en casa, y trabajó para el padre, e hizo todo lo bueno que un
hijo debería hacer. Al final, el hermano pequeño regresó, vino
a casa y se disculpó: "Papá ¡metí la pata! Lo siento. Por favor,
déjame volver a casa. No tienes que darme la bienvenida
como a un hijo. Me conformo con ser un sirviente en tu casa".
Pero el padre lo recibió con los brazos abiertos y, además,
celebró una fiesta para darle al pródigo (al insensato) la
bienvenida de nuevo a la familia.

A veces somos como el hermano pequeño. Nos alejamos
de Dios, hacemos lo que queremos, y luego volvemos a casa,
lamentando haber metido la pata. ¿No es genial saber que
nuestro Padre nos recibe de nuevo?

*Señor, a veces meto la pata. Soy como el hijo pródigo.
¡Me siento tan agradecida de que me lleves de vuelta,
y me perdones! Gracias por ser el mejor Padre.*

¡NADA ES IMPOSIBLE!

Porque para Dios no hay nada imposible.
LUCAS 1:37 NVI

....

Muchas veces nos enfrentamos a obstáculos que parecen imposibles. Pensamos que nunca lo superaremos. ¡Tengo buenas noticias para ti, muchacha! *Nada* es imposible para Dios. Eso es, absolutamente nada. Si lo creyeras de verdad, cambiaría tu forma de orar, las cosas que dices, y la gente con la que pasas el rato. Si nada es imposible para Dios, puedes creer cuando le pidas milagros.

De modo que ¿qué milagros necesita hoy tu familia? ¿Están las cosas complicadas? ¿Hay alguien que esté pasando enfermedades? ¿Tu padre necesita un trabajo? ¿Van a operar a tu abuelo? No importa lo difíciles que las cosas parezcan, puedes mirar al cielo con una canción en tu corazón. Levanta tus brazos y clama pidiéndole a Dios que haga lo imposible. La Biblia dice que Él se deleita en hacer lo imposible. Eso significa que de verdad le gusta hacerlas. Traen gozo a Su corazón.

Empieza a creer en Dios para las cosas grandes, imposibles. Él está esperando oír tus peticiones. ¡No temas pedir, chica!

Padre, a veces tengo miedo de pedir milagros.
¡Parecen tan... imposibles! Ayuda mucho saber que
te deleitas en hacer lo imposible. ¡Señor, pediré!

¿Quién es mi prójimo?

Amarás al Señor tu Dios con todo tu corazón, con toda tu alma y con toda tu inteligencia. Este es el primer mandamiento y el más importante. Pero hay un segundo mandamiento que es parecido a este: Amarás a tu prójimo como a ti mismo.

Mateo 22:37-39 BLP

....

Echa un vistazo detallado al versículo bíblico de hoy. Es muy interesante, ¿verdad? Podrías leerlo y decir: "Amo a Dios, pero no puedo llegar a entender la parte del "prójimo". ¿Quién es mi prójimo? ¿Es el hombre anciano que vive en la puerta de al lado? ¿Es la pequeña y sus padres que viven al cruzar la calle?".

Cuando Dios habla de amar al prójimo, no solo se refiere a las personas que viven cerca de nosotras; se refiere a todas las personas con las que vamos a la escuela, con las que hacemos gimnasia, con las que estudiamos, comemos, jugamos... Nuestro prójimo son aquellas personas con las que "hacemos nuestra vida". Dios quiere que amemos a cada una de ellas de una forma incondicional.

La próxima vez que leas un versículo sobre tu prójimo, ¡recuerda que no solo se refiere a la vecina de la puerta de al lado!

Señor, ¡lo entiendo! Mi prójimo no es solo la persona del otro lado de la calle. No solo son los niños de la puerta de al lado. ¡Mis prójimos son todos lo que me rodean! ¡Les veo cada día!

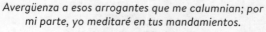

¡Fanfarrona!

*Avergüenza a esos arrogantes que me calumnian; por
mi parte, yo meditaré en tus mandamientos.*
Salmos 119:78 rvc

....

¿Alguna vez has conocido a alguien a quien le gustara
fanfarronear? A lo mejor hablaba, hablaba y hablaba de lo
talentosa que era, o quizás le gustaba presumir de sus buenas
notas. Las fanfarronas pueden desgastarte rápidamente.
¡Hacen que quieras ponerte algodones en los oídos para no
tener que escucharlas!

Por tanto, ¿cómo se siente Dios respecto a la fanfarronería?
¡Sin lugar a duda no le entusiasma! La Biblia afirma que
debemos ser humildes, y esto significa no tener un concepto
demasiado alto de ti misma. No ir por ahí jactándote de que a
ti se te da mejor esto y aquello que a las demás. Ves que otras
tienen talento, son inteligentes y amables, y prefieres hacer una
montaña de ello en lugar de preocuparte más de ti.

La próxima vez que estés cerca de alguien que alardea,
alardea y alardea, ten cuidado de no unirte a ella ni empezar a
presumir de ti misma. Aprende de su error y sé humilde. Puede
que ella aprenda unas cuantas lecciones de ti.

*Dios, no quiero ser una fanfarrona. No quiero parecer
una presumida. Ayúdame a tener cuidado con lo que digo
sobre mí para no dar la impresión de ser una orgullosa.*

Un día de lluvia

Volvió a orar, y el cielo dio su lluvia y la tierra produjo sus frutos.
SANTIAGO 5:18 NVI

....

La tierra necesita la lluvia para que los frutos crezcan, y para que los árboles y el pasto sean saludables. Cuando lleguen los días de lluvia, en lugar de quejarte, piensa en las cosas divertidas que puedes hacer en ese día especial.

¿Sabías que a algunas personas les encanta la lluvia? ¡Es cierto! Los días lluviosos no son tan aburridos como piensas. De hecho, algunas chicas disfrutan del sonido de la lluvia sobre el tejado. Lo encuentran reconfortante. Se sienten especialmente felices cuando llueve, mientras están durmiendo en su cama. ¡No tienen miedo en absoluto!

¿Y tú qué? ¿Disfrutas de la lluvia? Si es así, el próximo día lluvioso lo puedes pasar acurrucada con un buen libro o con un proyecto de costura. Algo genial sobre la lluvia es que te obliga a quedarte a cubierto con los demás. Quizás podrías jugar a juegos de mesa o ver una peli con tu madre. ¡Lo mejor de todo podría ser descansar!

Amado Señor, gracias por la querida lluvia. Hace que todo crezca, y me da la oportunidad de quedarme dentro, y pasar tiempo con mi familia. ¡Genial!

MIRAR EL VASO

Que el Dios que infunde aliento y perseverancia les conceda vivir juntos en armonía, conforme al ejemplo de Cristo Jesús, para que con un solo corazón y a una sola voz glorifiquen al Dios y Padre de nuestro Señor Jesucristo.

ROMANOS 15:5-6 NVI

....

Algunos dicen que el vaso está medio vacío. Unos afirman que está medio lleno. ¡Y otros aún añaden que el vaso es el doble de grande de lo que debería ser! ¿Qué dices tú?

Imagina que estás mirando un vaso con agua. El agua está por la mitad. ¿Dirías que el vaso está medio vacío o medio lleno? Las respuestas variarían según las personas, ¿verdad?

Siempre es mejor considerar la vida con una actitud "medio llena". La chica "medio llena" es positiva. Siempre ve las cosas buenas. La chica "medio vacía" es una quejica. Una llorona. Ve todas las cosas negativas.

¿Eres positiva o negativa? ¡Sé sincera! Cuando la vida se vuelve dura, ¿te quejas y lloras, o ves el vaso medio lleno? ¡Es hora de examinar tu actitud, chica!

Amado Señor, quiero ser positiva. Quiero ser una de esas chicas que iluminan el día de todo el mundo. Ayúdame a ver el vaso medio lleno siempre, nunca medio vacío.

GENTE GENEROSA

No mirando cada uno por lo suyo propio, sino
cada cual también por lo de los otros.
FILIPENSES 2:4 RVR1960

....

¿Te gustan las personas generosas? Siempre están atentas a los demás, listas para satisfacer las necesidades y extender una mano de ayuda. Tal vez tus padres sean generosos, y siempre quieran pagar las facturas de los demás. Quizás a tu abuelo le guste dar con generosidad a sus nietos.

Es tan divertido observar cómo se preocupan por los demás las personas generosas. No presumen de lo que dan. Sencillamente están presentes en el momento adecuado, preparadas para ayudar.

¿Qué me dices de ti? ¿Eres generosa? Oh, ya lo sé, quizás no tengas mucho dinero del que desprenderte, ¿pero eres generosa de otras maneras? ¿Compartes tus juguetes? ¿Discutes cuando no puedes ver el programa de televisión que quieres? ¿Haces una montaña de un grano de arena cuando no te sales con la tuya? Las niñas generosas siempre están atentas a la otra persona. Decididamente no son egoístas. Quieren producir una sonrisa en el rostro de una amiga, o de un miembro de la familia.

¡Ah, la generosidad! ¡Qué regalo tan hermoso! ¡Puedes dársela hoy a todos los que amas! Nada alegrará más el corazón de Dios.

Padre, muéstrame cómo puedo ser más generosa.
Quiero que se me conozca como alguien a quien
le importan más las necesidades de los demás
que las suyas. Ayúdame a ser así, Señor.

Regálalo

Con gran angustia comenzó a orar al Señor
y a llorar desconsoladamente.
1 SAMUEL 1:10 NVI

....

En el Antiguo Testamento hay una historia realmente guay sobre una mujer llamada Ana. Estaba desesperada por tener un bebé, pero no podía. De modo que le prometió a Dios que si Él le daba un hijo, ella se lo entregaría a Él. Por fin, después de orar y orar, Ana tuvo un hijo. Le puso por nombre Samuel. Cuando este era un niño pequeño, ella lo llevó al templo y le dijo al sacerdote: "Quiero que lo críes en el templo". ¡Uau! Después de esperar tanto tiempo para tener un bebé, tuvo que devolverlo. ¿Puedes imaginar lo difícil que debió de ser?

Quizás puedas imaginarlo. Tal vez has tenido un sueño. Has deseado algo... pongamos que un ordenador. Esperaste y esperaste, y finalmente Dios te dio un ordenador realmente genial. Entonces, después de esto, algo le sucedió a la computadora de tu padre, y tuvo que empezar a usar el tuyo, porque no podía permitirse comprar otro.

¡Auch! ¿Ves lo difícil que sería para ti entregar el deseo de tu corazón, después de haberlo esperado tanto tiempo? Pero Dios honrará este tipo de sacrificio. En el caso de Ana ¡Él la bendijo! Samuel creció y se convirtió en un poderoso hombre de Dios, ¡alguien que hizo que su madre estuviera muy, muy orgullosa!

Señor, quiero ser la clase de niña que está dispuesta
a soltar cosas, incluso aquellas que quiero de verdad,
verdad. ¡Ayúdame a ser generosa como Ana!

El amor nunca falla

*El amor nunca se da por vencido, jamás pierde la fe, siempre
tiene esperanzas y se mantiene firme en toda circunstancia.*
1 Corintios 13:7 ntv

....

¿Qué significa abandonar? ¡Significa renunciar! ¡Ya lo has
tenido! No lo haces más. ¿Y si Dios decidiera tirar la toalla
contigo? Eso sería terrible, ¿verdad? Esta es la verdad: El
amor de Dios no abandona jamás. Nunca. Pase lo que pase.

¿Y qué hay de nosotras? ¿Acaso se supone que amemos
a los demás en una especie de manera "de no abandono"?
¡Puedes apostar que sí! La clase de amor que Dios espera
de nosotros es el tipo que llega hasta el final. Sigue y sigue,
ocurra lo que ocurra. ¡Y eso no es todo! El tipo de amor que
Dios espera de Sus niñas es el que no se enoja. El que no es
envidioso. No es vanidoso. Pone a los demás primero. ¡No
es egoísta! Esta clase de amor especial perdona pronto y no
guarda rencor. También se goza con la verdad. ¡Uau! Es una
especie de amor muy milagroso, ¿verdad?

¿Suena imposible? Con la ayuda de Dios, todo es posible,
¡incluso un amor infinito!

*Señor, te ruego que me muestres cómo amar a los
demás con una actitud de no abandono. ¡Padre,
no soy una desertora! Ayúdame a seguir amando,
incluso cuando no me apetezca hacerlo.*

MARÍA, LA MADRE DE JESÚS

Entonces María dijo: Engrandece mi alma al Señor;
y mi espíritu se regocija en Dios mi Salvador.
LUCAS 1:46-47 RVR1960

....

¿Has oído alguna vez la historia de María, la madre del Niño Jesús? Tal vez en Navidad habrás escuchado hablar sobre ella, de cómo dio a luz a nuestro Salvador. Esta es la verdad: María era solo una jovencita cuando el ángel le dijo que iba a tener un bebé, y ni siquiera estaba casada todavía. ¿Puedes imaginar lo asustada que estaría? ¡En primer lugar debió de ser bastante chocante que un ángel le hablara! ¿Pero descubrir que iba a tener un bebé? ¡Uau! Esto no es algo que una escuche todos los días, ¿o sí?

Dios le encomendó una tarea enorme: dar a luz al Salvador del mundo. Una joven corriente, ¡pero con algo tan grande por hacer! Sin embargo, no entró en pánico. De ninguna manera. Confió en Dios, y Él la usó para cambiar el mundo. ¡Quizás Él también quiera hacer algo extraordinario con tu vida!

¡Amado Señor, quiero tener la fe de María! ¡Quiero oír tu voz
y confiar en ti para las cosas enormes! María tuvo que pasar
una enorme prueba de fe, y la superó. ¡Haz que sea así en mí!

Panes y peces

*Mi Dios, pues, suplirá todo lo que os falta conforme
a sus riquezas en gloria en Cristo Jesús.*
FILIPENSES 4:19 RVR1960

....

En el Nuevo Testamento hay una maravillosa historia que
te proporcionará fe para creer que, ¡desde luego, Dios
obra milagros! Cinco mil personas se habían reunido para
escuchar las enseñanzas de Jesús. Después de un tiempo, sus
estómagos empezaron a gruñir. ¡Anda que no había hambre!
¡Aquellas personas desfallecían! Solo había un problema:
ninguno de los adultos había llevado comida consigo.

Un niño pequeño llevaba una vianda con un poco de
comida. Tenía cinco panes y dos peces. Es probable que
no pensara compartirlo con cinco mil personas, pero es
exactamente lo que ocurrió. Después de dar gracias a Dios
por los alimentos del niño, Jesús les dijo a Sus discípulos
que tomaran los cinco panes y los dos peces, y que los
compartieran entre las personas. ¡Quién lo iba a decir! ¡La
comida se multiplicó... se multiplicó... y se multiplicó! Hubo
suficiente para alimentarlos a todos, y hasta quedaron un
montón de restos. ¡Uau! ¡Desde luego, Dios se dedica a
multiplicar! ¡Qué proveedor tan asombroso es!

*Padre, ¡uau! ¿Tomaste cinco panes y dos pequeños
peces, y alimentaste a cinco mil personas? ¡Eso
es asombroso! Si te preocupaste lo suficiente por
aquellas personas para darles de comer, ¡entonces
sé que también te ocuparás de mis necesidades!*

La ofrenda de la viuda

Les aseguro que esta viuda pobre dio más que todos los ricos. Porque todos ellos dieron de lo que les sobraba; pero ella, que es tan pobre, dio todo lo que tenía para vivir.

Lucas 21:3-4 TLA

·······························

Algunas personas tienen mucho dinero, y no les importa dar un poco para ayudar a otros que están en necesidad. Algunas son un poco tacañas. Poseen dinero, pero no les apetece ayudar. Y también hay personas como la señora de la historia de hoy. Ella apenas tenía dinero, pero imagina lo que hizo con lo poquito que tenía: ¡lo dio todo! ¡Exactamente! Entregó todo lo que tenía como ofrenda para ayudar a las personas necesitadas.

Uau. Piensa en ello durante un minuto. No solo dio un dólar o dos. Metió la mano en su bolsillo, sacó todo lo que tenía, y lo dejó caer en la ofrenda. ¿Podrías hacer tú lo mismo? ¿Podrías vaciar tu monedero y ponerlo todo en la ofrenda? Sería difícil, ¿verdad?

Cuando confías en Dios para que provea todo lo que tú necesitas, tienes la fe suficiente para dar como lo hizo esta mujer. Jesús amó realmente su corazón generoso.

Señor, me siento tan impresionada con esta mujer que dio todo lo que tenía. ¡Cuánta fe! Ayúdame a ser más generosa cuando doy, Padre. ¡Haz que pueda aprender una lección de esta dulce señora!

¿Quién es el mayor?

Sea el mayor entre vosotros como el más joven,
y el que dirige, como el que sirve.
LUCAS 22:26 RVR1960

....

Piensa en la persona más poderosa que conoces. Tal vez sea una cantante famosa o una asombrosa actriz de Hollywood. Tal vez sea un gran político o un escritor popular. La idea es que algunas personas parecen tenerlo todo. ¡Cada deseo suyo se hace realidad! Son muy famosas y populares. Todo el mundo piensa que son grandes. ¿Pero... lo son? ¿De verdad?

¿Qué le parece a Dios la popularidad? ¿Le importa quién sea el mayor en cualquier ámbito especial? Realmente, no. Le impresionan más las personas que ayudan a los demás en silencio. Le encanta cuando le lees un libro a una anciana vecina u obedeces a tus padres sin que te lo pidan dos veces. ¡Estas son las cosas que te hacen grande a los ojos de Dios!

¿Qué preferirías ser, pues, grande a los ojos del mundo o grande a los ojos del Señor?

Señor, gracias por el recordatorio de que tú no miras a la persona más popular y dices: "¡Uau, es asombrosa!". En su lugar, te impresiona cómo y cuándo ayudo a los demás.

Un corazón lleno de compasión

*Pero tú, oh Señor, eres Dios de compasión y misericordia,
lento para enojarte y lleno de amor inagotable y fidelidad.*
SALMOS 86:15 NTV

....

¿Eres una chica compasiva? Si es así, eso significa que
tu corazón siente compasión por aquellos que están en
necesidad. Sientes empatía cuando ves a un niño enfermo en
el hospital. El hombre sin hogar en la esquina de la calle que
mendiga para comer. La niña en la escuela de la que nadie
quiere ser amiga. Cuando eres compasiva, te duele el corazón
de verdad al ver a otros sufrir. Apenas puedes soportarlo.

Tengo una buena noticia: si eres compasiva, decididamente
no estás sola. Dios también es muy compasivo. Lee una vez más
el versículo de hoy. Si quieres ser más como el Señor, adopta
Su versión de la compasión: ser lento para la ira y mostrar
misericordia con los demás, sobre todo con los que están en
necesidad.

Ser compasiva no es una señal de debilidad. En realidad, es
exactamente lo contrario. Cuando tu corazón siente compasión
por aquellos que sufren, estás demostrando ser muy fuerte.
También te estás volviendo más como el Señor, cada vez que
ofreces tu ayuda a los demás; así que ¡adelante, chica!

*Señor, quiero ser compasiva como tú. Muéstrame
cómo ayudar a las personas necesitadas, con un
corazón cálido y amoroso, y una mente tranquila.*

Alegra Su corazón

Él recibió honor y gloria de parte de Dios el Padre, cuando desde la majestuosa gloria se le dirigió aquella voz que dijo: «Este es mi Hijo amado; estoy muy complacido con él».

2 Pedro 1:17 NVI

Imagina a una joven princesa en el salón del trono, sentada a los pies de su padre, mientras él gobierna el reino. Le encanta sentarse ahí, y alzar sus ojos brillantes como estrellas hasta él. A su papá también le gusta. Sabe lo mucho que ella lo ama, ¡y esto alegra su corazón!

Ahora imagina que el rey de esta historia es tu Papi Dios. Como tus progenitores terrenales, a Dios le encanta todo de ti. Disfrutó observando cuando aprendiste a caminar, y celebró cuando aprendiste a jugar a las palmaditas. Ha estado ahí en cada victoria, animándote. En tus altibajos, ha estado mirando y sonriendo.

A Dios le agrada sobre todo cuando obedeces a tus padres y a los demás adultos de tu vida. ¡Esto lo alegra de verdad! Le encanta cuando haces lo correcto, incluso sin que se te pida (como hacer tus tareas sin necesidad de que te lo recuerden). ¿Por qué? Porque esto le demuestra que estás aprendiendo. Estás creciendo. Y mientras lo haces, sigues amando a tu Padre celestial de todo corazón. Esto es lo que más feliz le hace.

Amado Señor, quiero alegrar tu corazón. De verdad que lo deseo. Mi oración es que mi conducta siempre te complazca, Papi Dios.

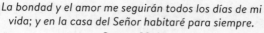

Vida eterna

La bondad y el amor me seguirán todos los días de mi
vida; y en la casa del Señor habitaré para siempre.

SALMOS 23:6

....

¿Has pensado alguna vez en la palabra eternidad? Alucinarías por completo, si te detuvieras a pensar en ello. La eternidad sigue para siempre, y siempre, y siempre. No tiene principio ni final. Cuando lleguemos al cielo, experimentaré la eternidad. No pensaremos en cuántos años podríamos vivir, ¡porque viviremos... para siempre!

¡Qué pensamiento tan asombroso! No tiene fin. Sería como ir a ver una película que nunca llegara al final... solo seguiría y seguiría. Así será nuestra vida en el cielo.

¿Qué tenemos que hacer, pues, para experimentar esta especie de vida "para siempre"? ¿Cómo llegamos al cielo? Tenemos que pedirle a Jesús que venga a vivir en nuestro corazón. Entonces compartiremos la eternidad con Él en el cielo. Qué asombrosa aventura será.

¡Padre, no puedo esperar para pasar la eternidad contigo.
Estaremos juntos para siempre... y siempre... y siempre! ¡Uau!

Gratitud

Este es el día que hizo el Señor; nos gozaremos y alegraremos en él.
SALMOS 118:24 NTV

....

¿Sabes lo que significa sentir gratitud? ¡Quiere decir ser agradecida... en todo! Por tu familia, por tu casa y por tus amigas. Por la comida que tienes para comer y la ropa que vistes para ir a la escuela. Sobre todo, agradeces saber que Dios te ama ocurra lo que ocurra.

Una niña verdaderamente agradecida no se cansa nunca de decir "¡Gracias!". Aprecia a sus padres por todo lo que hacen, y se siente agradecida por el tiempo que entregan sus maestros y amigos en la iglesia. No se limita a dar las gracias para conseguir puntos extra con todos; ¡se siente agradecida de verdad!

La gratitud es algo que podemos desarrollar con el tiempo, así que pídele a Dios que te dé una actitud de gratitud. ¡Él lo hará! Antes de que te des cuenta, tu corazón estará lleno a rebosar de agradecimiento por las muchas bendiciones de Dios.

¡Padre, mi corazón está tan lleno ahora mismo! Me siento tan agradecida por todo lo que has hecho por mí, tan bendecida por tener una vida maravillosa, una gran familia y personas que me aman. ¡Gracias!

AMABILIDAD

Que su amabilidad sea evidente a todos. El Señor está cerca.
FILIPENSES 4:5 NVI

....

¿Qué viene a tu mente cuando escuchas la palabra *amable*? ¿Piensas en cómo te comportas con un bebé recién nacido? ¿Piensas que la amabilidad significa debilidad?

Una persona amable no es débil. En realidad es muy fuerte en su interior. De hecho, es tan fuerte que sabe cómo controlarse para no herir a los demás. No alza la voz ni grita a sus hermanos y hermanas. No reacciona con exageración cuando su mamá le dice que haga algo. Responde con una voz amable y relajante.

¿Cómo nos volvemos amables? Tenemos que pedirle a Dios un corazón nuevo, que sea blando hacia Él. Un corazón así nos ayudará a ser más cariñosa y amable con los demás. No podemos hacerlo por nuestra cuenta. Solo Dios puede ablandar nuestro corazón. ¡Así que pídeselo! Y Él lo hará. ¿Por qué? Porque quiere ayudarnos a ser lo mejor posible.

Señor, quiero ser amable de adentro hacia afuera.
¡Suaviza mi corazón para que pueda responder
a los demás de una forma más amorosa!

PASOS FIRMES

El Señor afirma los pasos del hombre cuando le
agrada su forma de vivir; podrá tropezar, pero no
caerá, porque el Señor lo sostiene de la mano.
SALMOS 37:23-24 NBD

....

Si te pidieran que corrieras una larga carrera, ¿qué tipo de zapatos usarías? ¿Sandalias? ¿Zapatos de vestir como para ir a la iglesia? ¿Crocs (zuecos)? ¿Deportivas? Escogerías la clase de calzado que te resultara más segura, ¿no es así?

Dios quiere que nuestros pasos sean seguros. Quiere que corramos nuestra carrera con valor, sin preocuparnos de que podríamos tropezar y caer a cada momento. ¿Cómo corremos, pues, con valor? ¿Cómo mantenemos nuestros pasos firmes? Tenemos que correr hacia Él, con nuestros ojos "fijos" en Él. (Esto significa que nunca miremos a izquierda o derecha, sino solo a Dios.)

¿Cómo acudimos a Dios? Leemos nuestra Biblia y después obedecemos a lo que hemos leído. Oramos y le pedimos a Dios que nos muestre qué hacer durante los tiempos difíciles. Recordamos cada día que Él nos dirige y nos guía, y que no tenemos nada que temer.

Independientemente de la clase de zapatos que escojas usar hoy, Dios puede afirmar tus pasos. Puedes correr sin percances. ¡Acuérdate solamente de correr directa hacia Él!

¡Señor, lo entiendo! Quieres que corra a ti... ¡para todo!
Mi vida es una carrera, pero tú estás aquí, y me guías
a cada paso del camino. ¡Mantengo mis ojos en ti!

FE FUERTE

Jesús se dio vuelta, la vio y le dijo: ¡Ánimo, hija! Tu fe te
ha sanado. Y la mujer quedó sana en aquel momento.

MATEO 9:22 NBD

································

La mayoría de nosotras afirmamos que tenemos una fe fuerte.
Sin embargo, cuando llegan los tiempos difíciles, nuestra fe se
pone a prueba y, en ocasiones, no la superamos.

Aquí tienes un ejemplo: Imagina que te va muy bien en la
escuela y, después... ¡pum! Tu profesora favorita se muda y llega
una nueva en su lugar. La nueva profesora no sabe que eres una
buena estudiante. En realidad no te conoce en absoluto. Tal vez
no te trate con la misma amabilidad que la otra maestra. Ella
no es del tipo "aprendamos mientras nos divertimos". Tus notas
empiezan a bajar. Y también tu actitud. Poco después ya ni
siquiera te gusta ir a la escuela. No tienes fe para creer que Dios
puede darle la vuelta a la situación. Solo quieres que vuelva tu
antigua maestra.

¿Captas la idea? Si de verdad tenemos la fe que el Señor nos
ofrece, podemos creer que la situación con la nueva profesora
puede resultar extraordinaria. Así que no tires la toalla. Sigue
creyendo. Mantén tu fe fuerte, ocurra lo que ocurra.

Padre, lo entiendo. Mi fe no siempre es tan fuerte
como digo —o creo— que es. Tiro la toalla con
facilidad a veces. Recuérdame que tú puedes
resolverlo todo... si seguimos creyendo.

Consecuencias

Porque la paga del pecado es muerte, mientras que la dádiva
de Dios es vida eterna en Cristo Jesús, nuestro Señor.
ROMANOS 6:23 NVI

....

¿Qué te viene a la mente cuando oyes la palabra
consecuencias? ¿Piensas en cuando tu mamá te dio un tiempo
para reflexionar por una mala conducta? ¿Recuerdas alguna
vez en que tu hermana menor fuera castigada por haber
hecho algo realmente malo?

Tener consecuencias significa que tienes que pagar un
precio por tus actos. Aquí tienes un ejemplo: Imagina que
afuera hace mucho frío. Está nevando sin parar. Decides salir e
ir a deslizarte en trineo con tus amigas, pero no quieres perder
tiempo en ponerte un abrigo. Corres y juegas, tiritando de frío
todo el tiempo. Cuando regresas a casa, tiemblas como una
hoja, y no te sientes nada de bien. Al día siguiente te despiertas
con fiebre y dolor de garganta. ¡Esas son las consecuencias de
jugar en la nieve sin haberte abrigado!

Cada acción tiene una reacción. Cuando haces una
cosa, ocurre otra. Cuando tratas bien a las personas, ellas
reaccionan del mismo modo contigo. (¡Qué consecuencias
tan hermosas!). Cuando tratas mal a los demás, ellos se
comportan igual contigo. (Qué desagradables.) Siempre hay
un precio que pagar, bueno o malo. Pero qué hermoso es
que Jesús pagara el precio supremo por ti.

Padre, gracias por enseñarme sobre las consecuencias.
Sé que todavía tengo mucho que aprender.
Te ruego que me ayudes en este viaje.

MI FORTALEZA

Pero yo le cantaré a tu poder, y por la mañana alabaré tu amor;
porque tú eres mi protector, mi refugio en momentos de angustia.

SALMOS 59:16 NVI

....

Hace muchos, muchos años, las personas vivían en pueblos
rodeados de muros masivos de piedra que tardaban años
en construirse. ¿Por qué se esforzaban tanto en levantar
enormes murallas? Para mantener al enemigo fuera. Aquellos
muros eran una fortaleza, una forma de proteger a las
personas y velar por su seguridad.

 ¿Sabías que tú tienes una fortaleza? ¡Es verdad! Tu
fortaleza no es un muro de piedra ni una puerta inmensa.
¡El Señor es tu fortaleza! Él es como un muro gigante que
mantiene al enemigo lejos de ti. Guay, ¿verdad? Él no
permitirá que el enemigo acabe contigo. Bueno, es posible
que todavía experimentes tiempos difíciles, pero con Dios
como protector, los superarás con bien al final, porque Él es
tu fortaleza y no dejará de estar atento a ti, día y noche.

 ¿No es emocionante saber que Dios tiene Su red de
seguridad alrededor de ti? ¡Alábalo por ello! ¡Qué Dios tan
poderoso es este a quien servimos!

Padre, gracias por ser mi fortaleza (mi muro
fuerte de protección). Sé que estás atento a mí, de
modo que no tengo nada que temer. ¡Vaya!

EL VALLE MÁS OSCURO

Aun si voy por valles tenebrosos, no temo peligro alguno
porque tú estás a mi lado; tu vara de pastor me reconforta.
SALMOS 23:4 NVI

....

Si has leído antes el salmo 23, ya has visto palabras como las
que aparecen en el versículo de hoy: "Aun si voy por valles
tenebrosos, no temo peligro alguno".

¿Has intentado alguna vez caminar en la oscuridad? Tal vez
saliste de tu cama en medio de la noche para ir al baño, y te
golpeaste el dedo gordo del pie contra el borde de la cama. O
quizás tropezaste con el gato. Puede ser que chocaras contra el
tocador y te hicieras daño en la rodilla.

Caminar en la oscuridad no es divertido, pero esta es la
promesa de Dios: cuando atravieses momentos "oscuros" (y
esto nos ocurre a todas), Él no te abandonará. No tienes por
qué tener miedo. Es cierto que podrías no ver adónde vas, pero
si agarras fuerte la mano de Dios puedes estar segura de que Él
sí puede ver lo que hay por delante. ¡Él tiene una extraordinaria
visión nocturna! Él sabe cómo mantenerte a salvo y segura, y te
guiará de vuelta a la luz. Confía en Él. Solo confía en Él.

Padre, a veces experimento momentos difíciles, y
siento que no puedo ver qué viene a continuación.
¡Parece muy oscuro! Estoy tan contenta de que tú me
guíes y que tu visión nocturna sea asombrosa!

¡Vayamos a la iglesia!

*Porque donde dos o tres se reúnen en mi
nombre, allí estoy yo en medio de ellos.*
Mateo 18:20 nvi

....

Asistir a la iglesia los domingos no es algo que hagamos para conseguir que Dios nos ponga una pegatina en un gráfico o nos dé una especie de puntos extras. Ni siquiera es porque *tengamos* que hacerlo. (Admítelo, algunas niñas van a la iglesia, porque mamá o papá dicen que tienen que hacerlo).

Dios quiere que tú quieras ir a la iglesia. Quiere que te sientas entusiasmada por ir, como lo estarías respecto a un cumpleaños o la mañana de Navidad. Asistir a la iglesia es la mejor forma de darte un respiro de las tareas de la escuela, de tus problemas, de tu vida diaria y centrarte por completo en Él. En la iglesia puedes aprender cómo escuchar Su voz, cómo orar y cómo adorar. Aprendes, asimismo, a tener comunión, lo que significa salir con otras cristianas que amen a Dios tanto como tú.

¿Estás, pues, entusiasmada por ir a la iglesia? Si no es así, ¡pídele a Dios que te haga sentir así! Él tiene muchas cosas maravillosas reservadas para ti. No se trata tan solo de lecciones y sermones, sino de estar cerca de tu Padre celestial, y de aprender a confiar en Él. ¿Qué esperas? ¡Vayamos a la iglesia!

*Padre, me gusta ir a la iglesia, y no solo por
pasármelo bien estando con mis amigas. Sobre
todo, ¡me emociona pasar el tiempo contigo!*

PRIORIDADES

Más bien, busquen primeramente el reino de Dios y su justicia, y todas estas cosas les serán añadidas.
MATEO 6:33 NVI

....

¿Has oído alguna vez la palabra *prioridades*? Que tus prioridades sean las correctas significa que sabes qué es lo más importante, y que hagas esas cosas primero.

Aquí tienes un ejemplo: Tal vez te despiertas el sábado por la mañana y tienes un montón de cosas que hacer. Quieres jugar con tus amigas, pero tu mamá quiere que limpies tu armario, mientras ella compra en el supermercado. También es necesario que cambies la arena del gato. Oh, y probablemente deberías enviarle una nota de agradecimiento a tu abuela por la sudadera que te envió por tu cumpleaños.

¿Cómo sabes qué es lo más importante? Empieza por lo que se te ha dicho que hagas. Hazlo siempre primero. A continuación, lleva a cabo la siguiente cosa importante, y así. Por tanto, así es cómo podría ser tu día: Empieza limpiando tu armario, como te pidió mamá. Y cambia la arena del gato. (¡Qué asco!). Luego escribe esa nota de agradecimiento. Después de esto, puedes ir a jugar con tus amigas, si a tu madre le parece bien.

Espiritualmente también tienes prioridades. Jesús te dice que primero lo busques a Él y que hagas las cosas a Su manera. Luego, todo lo demás se resolverá por sí solo.

Cuando tus prioridades terrenales y celestiales son las correctas, todas las tareas se realizan. Mamá está contenta. El gato está contento. La abuela está contenta. Tú estás contenta... ¡y Dios también!

¡Señor, gracias por el recordatorio de que necesito tener mis prioridades ordenadas! Quiero hacer las cosas en el orden adecuado, para que todos puedan decir: "¡Buen trabajo, chica!".

DI LA VERDAD

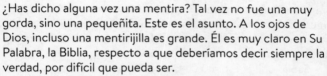

El Señor aborrece a los mentirosos, pero mira
con agrado a los que actúan con verdad.
PROVERBIOS 12:22 NVI

· ·

¿Has dicho alguna vez una mentira? Tal vez no fue una muy gorda, sino una pequeñita. Este es el asunto. A los ojos de Dios, incluso una mentirijilla es grande. Él es muy claro en Su Palabra, la Biblia, respecto a que deberíamos decir siempre la verdad, por difícil que pueda ser.

¿Decimos siempre la verdad? Aquí tienes una pequeña prueba. Pongamos que rompiste una lámpara del salón por accidente. Tu madre ve la lámpara rota y le echa la culpa a tu nuevo cachorro. Tú no dices ni palabra. Te limitas a dejar que tu madre piense que lo hizo el perrito. Nadie lo descubrirá jamás, ¿verdad? Después de todo, el cachorro no puede hablar ni defenderse.

En una situación como esta, guardar silencio es lo mismo que mentir. Es cierto. Tienes que hablar y decir la verdad, incluso cuando sabes que es probable que seas disciplinada. Aun así, ¿no preferirías enfrentarte a un poco de disciplina por la lámpara rota que sentirte culpable en tu corazón por mentirle a tu mamá? La verdad siempre te libera... ¡así que habla, muchacha!

Padre, no siempre digo toda la verdad. En ocasiones,
oculto cosas o permanezco totalmente en silencio
cuando debería hablar. Te ruego que me ayudes a decir
siempre la verdad, incluso en los momentos difíciles.

El Consolador

Y yo rogaré al Padre, y os dará otro Consolador,
para que esté con vosotros para siempre.
JUAN 14:16 RVR1960

••••••••••••••••••••••••••••••

¿Te has acurrucado alguna vez bajo una manta o un edredón, en una fría noche de invierno? Hay algo maravilloso en hacerse un ovillo, y estar sana y salva. Puedes dormir mejor y sentirte a gusto.

¿Sabías que el Espíritu de Dios vive dentro de ti cuando le pides a Jesús que viva en tu corazón? ¡Es cierto! Y a Su Espíritu se le llama "el Consolador". Él es como una manta cálida y agradable en una noche fría. Imagínate a Dios envolviendo Sus brazos alrededor de ti y acurrucándote contra Él. Así es cuando el Espíritu Santo trae consuelo. Te sientes sana y salva, envuelta en Sus brazos de amor.

Si te sientes sola o asustada, no tienes más que decir estas palabras:

"Gracias, Dios, por tu Espíritu. Me alegra tanto que el Consolador viva dentro de mí". ¿Acaso no te sientes genial?

Amado Señor, me siento agradecida por tu Espíritu.
Me siento tan a salvo, tan segura y tan a gusto. ¡Oh,
qué Dios tan maravilloso y consolador eres, Dios!

¡CONTEMPLA LOS CIELOS!

Los cielos cuentan la gloria de Dios, el firmamento
proclama la obra de sus manos.

SALMOS 19:1 NVI

·····································

¿Has salido alguna vez por la noche y contemplado fijamente las estrellas del cielo, sobre ti? Cuando el cielo está realmente oscuro, las estrellas resplandecen más que nunca. ¡Centellean y centellean contra el cielo negro, relucientes de luz! ¿No parecen diminutas, brillando allí arriba? Son creaciones gigantes que solo parecen diminutas desde la Tierra. Las estrellas, la luna y el sol fueron colocados en el cielo por tu Padre celestial. ¿Por qué? Bueno, sirven a un propósito, ¡por supuesto! Proporcionan dirección a los marineros, regulan las mareas, calientan el planeta y cosas como esas. Pero también están ahí para mostrar la gloria de Dios, Su majestad. Si cierras los ojos bien apretados —vamos, ciérralos—, casi puedes imaginarlas cantando las alabanzas de Dios y contando las maravillas de su asombroso Creador.

La próxima vez que levantes los ojos al cielo y veas una estrella blanca resplandeciente, o una luna dorada, haz una pequeña pausa. Cierra los ojos. Piensa en Dios, sentado en Su trono en el cielo y sentado en el trono de tu corazón. Con solo pensar en Él, ¿no surge una enorme sonrisa en tu rostro?

¿Y bien? ¿qué estás esperando? ¡Alábalo!

Señor, cuando esté tan ocupada que me olvide de que
eres un Dios que hace maravillas, recuérdame que
levante los ojos y mire a las estrellas en el cielo. Son
un constante recordatorio de que eres majestuoso.
¡Tú puedes hacer cualquier cosa, Padre!

COMO PERDONAMOS A LOS DEMÁS

*Porque, si perdonan a otros sus ofensas, también los perdonará
a ustedes su Padre celestial. Pero, si no perdonan a otros sus
ofensas, tampoco su Padre les perdonará a ustedes las suyas.*
MATEO 6:14-15 NVI

....

Existen tantas razones de por qué es necesario que
perdonemos a los demás. No hacerlo no solo es malo para
aquellos que nos han ofendido; ¡también es perjudicial para
nosotras! Lo desajusta todo.

La razón principal por la que necesitamos perdonar con
rapidez es esta: Dios nos perdona como perdonamos a los
demás. Él observa para ver si vamos a ser misericordiosos y
perdonamos a los demás primero.

¡Auch! Piensa en esto. Si alguien nos hiere, y nos negamos
a perdonarlo, Dios podría escoger no perdonarnos a nosotros.
Qué pensamiento tan aterrador, ¿verdad? Ni siquiera queremos
estar en esa postura. Decididamente el perdón de Dios es
necesario para las muchas veces en que metemos la pata. Por
tanto, eso significa que tenemos que perdonar a otros, incluso
cuando no nos apetezca hacerlo. Ciertamente, en ocasiones
resultará difícil, ¡pero con toda seguridad merecerá la pena!

*Dios, no siempre me apetece perdonar a los demás,
pero decididamente necesito ser perdonada por
las veces en que he cometido errores. ¡Ayúdame,
Señor, a perdonar, como tú perdonas!*

NACIDA DE NUEVO

*Jesús le respondió: Te digo la verdad, a menos que
nazcas de nuevo, no puedes ver el reino de Dios.*
JUAN 3:3 NTV

....

¿Has oído alguna vez el término *nacida de nuevo*? Quizás lo
hayas oído, pero no sabes qué significa. Nacer de nuevo no
significa que tengas que volver al vientre de tu mamá y volver
a salir. (¡Imagínatelo!). Quiere decir que Dios puede darte una
vida nueva, diferente de la que has vivido antes.

Para vivir esta nueva vida, tienes que creer que Dios envió
a Su Hijo a esta tierra. Tienes que creer que Jesús —el Hijo de
Dios— vivió una vida sin pecado (irreprochable) y, después,
cargó con todos nuestros pecados (equivocaciones) en la cruz.
Cuando Jesús murió en la cruz, llevó nuestra vergüenza para
que pudiéramos vivir con Él para siempre algún día en el cielo.
¡Este es el mejor regalo de todos! Hablaremos más sobre cómo
aceptar este regalo en el siguiente devocional, pero dedica un
poco de tiempo a buscar las palabras *nacido de nuevo*. Habla de
ello con tus padres o con la maestra de la escuela dominical,
y a continuación ¡prepárate! Dios quiere que todas sus niñas
nazcan, no solo una vez, ¡sino dos! ¿qué esperas, dulce niña?
¡Ahora es el momento!

*Padre, siento curiosidad por lo que significa nacer
de nuevo. ¡Estoy deseando aprender más!*

Conclusión

En fin, vivan en armonía los unos con los otros;
compartan penas y alegrías, practiquen el amor
fraternalmente, misericordiosos, amigables.
1 Pedro 3:8 nvi

....

Si pudieras tomar todo lo que has aprendido de este libro de devocionales y lo pusieras en una sola frase breve, ¿qué dirías? Dios quiere que lo amemos y amemos a los demás. No solo quiere que amemos más o menos, sino al máximo. El tipo de amor "al máximo" no es orgulloso. No es mezquino. Se lleva bien con los demás, incluso cuando estos son maleducados con nosotros.

Lo más importante es que necesitamos sentir un amor "al máximo" por Dios. Esto significa que seguimos amándolo incluso cuando la vida no tiene sentido. Confiamos. Obedecemos. Lo seguimos cada día de nuestra vida, sin ceder cuando otros intentan apartarnos de lo que creemos.

Dios te ama, preciosa niña. De verdad, de verdad. Y Su amor por ti no acabará jamás. Correspóndele en Su amor. Si todavía no lo has hecho, pídele a Su Hijo Jesús que venga a vivir en tu corazón, que sea el Señor de tu vida. Será la mejor decisión que hayas tomado jamás.

Señor Jesús, te ruego que vengas hoy a vivir en mi
corazón. ¡Cambia mi vida! Me entrego a ti. Sé mi
Señor y mi Salvador. Ayúdame a amar a los demás
y a amarte a ti cada día de mi vida. Amén.

ÍNDICE BÍBLICO

Acerca de la autora

Janice Hanna Thompson es autora de más de cien libros para el mercado cristiano. Vive en la zona de Houston, con su familia.